봉선화, 재일한국인 여성들의 기억

＊이 책은 2015년도 한국연구재단의 지원을 받아 수행된 번역서임
2015S1A5B5A07038645 (단계연차과제번호 : 2015038645)

봉선화, 재일한국인 여성들의 기억

초판 1쇄 인쇄 2018년 1월 20일
초판 1쇄 발행 2018년 1월 30일

엮 은 이 오문자奥文子 조영순趙榮順
옮 긴 이 최순애
표지그림 성연
삽   화 가와조에슈지川添修司
펴 낸 이 윤관백
펴 낸 곳 도서출판 선인

등   록 제5-77호(1998. 11. 4)
주   소 서울특별시 마포구 마포대로 4다길 4
전   화 02-718-6252
팩   스 02-718-6253
E-mail sunin72@chol.com

정   가 18,000원

ISBN 979-11-6068-128-4 94900
       978-89-5933-473-5 (세트)

강제동원 & 평화총서
담장(談場) 제6권
10

봉선화, 재일한국인
여성들의 기억

엮은이 오문자吳文子 조영순趙榮順
옮긴이 최순애

도서
출판 선인

　『봉선화 재일한국인 여성들의 기억』은 일본어판『女たちの在日』를 한국어
로 번역한 책이다. 이 책은 재일한국인 여성의 자존감을 되찾고 세대간, 동
족간의 커뮤니케이션 공동체 공간을 지면에 확보해 민족차별과 성차별을
'하소연'하고 '넋두리'를 늘어놓는 '해방공간'으로 그녀들만의 공감과 소통을
이끌어 내는 방식의 동인지『봉선화』에서 출발했다. 그녀들의 '하소연'과 '넋
두리'가 세상 밖으로 나오면서 국적이나 민족 이데올로기의 차이로 겪은 차
별은 물론이고 국적이나 민족 이데올로기 만으로 정의 할 수 없는 재일한국
인 여성이 받는 젠더 규범에 의한 성차별적 삶과 기억을 이해하는 데에 지
평을 넓힐 수 있는 책이다.

　여성들의 개개인의 기억은 재일 한국인 남성들이 추구해온 이념투쟁, 민
족투쟁, 차별투쟁의 공적담론과는 달리 생활공간에서 일어나는 섬세하고
소외된 사적담론이 대부분이다. 하지만, 일본의 식민지 지배·전쟁 책임에

대한 비판, 현실적 민족차별에 대한 고발, 가정 내의 남성의 폭력, 차별, 억압에 대한 수치스런 일상 생활사, 가족서사는 민족사와 역사와 마주하고 있다. 조국의 역사, 문화와 연대하며 거시적으로는 민족의 카테고리에서 받아온 소외감을 극복하고 미시적으로는 재일한국인 사회의 남성혈통중심주의 가부장체제의 젠더 규범을 극복하고자 하는 의지 표현을 읽을 수 있다. 또한 "그녀들의 활동은 집단내부의 주류가 아닌 여성 활동이지만 기성의 민족과 국가를 위한 활동을 초월한 어떤 힌트가 숨겨져 있다는 것"을 되새기게 한다. 민족차별과 성차별로 소외된 삶을 살아온 그녀들의 이중 차별의 벽과 한恨을 넘어 일본사회와 공생하기 위해 내포하고 있는 메시지를 탐색해 볼 수 있는 내용으로 가득한 책이라 하겠다. 이 책을 번역 출판할 기회를 주신 일제강제동원&평화연구회와 선인출판사 대표님 그리고 편집을 담당해 주신 분께 깊은 감사의 인사 올립니다.

최순애崔順愛

머리말

나는 지금 창간호에서 27호까지 『봉선화』를 앞에 두고 있다.
다 쌓아 올려 봐도 봉선화 키 보다 작다.
하지만 22년간의 세월이 눈 앞에 쌓여 있다.
페이지를 넘기면 여성들의 소리가 들린다.

인생을 뒤돌아보며 펜을 든 사람
부모 자식 형제 부부 친구
귀중한 사람에게 마음을 전하고 싶어 원고용지를 마주한 사람
새롭게 체험한 지식을 알리고 싶어 키보드를 두드리는 사람

모두가 우직할 정도로 신중하다.
슬플 정도로 절실하다.

세상에 이름이 알려진 사람도 아니다.
평범한 아내이자 어머니이자 딸인 그녀들의 소리가
읽는 이의 마음에 작은 족적을 남기며
시대를 떠올리게 한다.

우리 한반도는 지금 너무나도 깊은 상처를 안은 채
한반도와 일본은 가깝고도 멀리한 채

그래도 우리는 포기하지 않는다.
여자의 일은 인내를 요한다.
얽히고설킨 실타래를 풀어내듯이
우리의 이야기로 베를 짠다.

자, 어서 오세요. 『봉선화, 재일한국인 여성들의 기억』으로

조영순趙榮順

목차

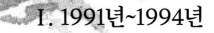

Ⅰ. 1991년~1994년

1991~2005 봉선화표지

2006~2013 봉선화표지

우리말에 대한 다짐

이시즈코李志津子

　난 한국 사람이지만 일본에서 태어나 자랐습니다. 자라면서 일본 교육을 받은 탓에 모국어를 자신 있게 말할 수 없습니다. 지금까지 부끄럽고 답답한 마음으로 살아왔습니다만, 나와 같은 처지로 살아온 사람들은 다 이해해 줄 거라고 믿습니다.

　나의 일생에서 가장 큰 과제가 "우리말을 정복하자"였습니다. 우리말을 해야 하는 이유는 간단하게 한마디로 설명할 수 없을 정도로 복잡한 심정입니다. 이런 간절함과는 달리 우리말은 인사 정도 밖에 하지 못합니다. 여태까지 우리말을 못하는 문제가 무엇인지 수없이 곰곰이 생각해 보았습니다. 먼저 사용할 기회가 많지 않고 또한 필요성을 느끼지 못할 뿐만 아니라 정복할 수 없다며 스스로 포기하는 마음이 마음 한구석에 자리 잡고 있었던 것입니다. 일본에서 태어나 자란 내가 모국어를 못하는 것은 어쩔 수 없고, 당연한 것이라며 여러 가지 이유를 둘러대며 왔습니다. 부끄럽게도 나의 노력이 부족함은 뒤로한 채 우리말을 못하는 이유를 가정환경이나 민족의식이 부족한 부모님 탓으로 돌리며 나 자신을 정당화시켜 왔다는 것입니다. 이제 와서 한다고 해도 완벽하게 할 수 없을 것이며 우리말을 일부러 쓰지 않아도 대부분의 재일교포 2세 3세는 나와 비슷한 처지일 거라고 나 스스로 변명하며 안도하는 습관이 나의 마음속에 자리하고 있다는 걸 알았습니다.

지금까지 몇 번이나 우리말을 습득하려고 도전했지만, 단 몇 개월 만에 좌절하고 말았습니다. 마음속으로 '이러면 안 돼' '더 열심히 해 봐' 하며 자신을 격려하기도 합니다만, 오히려 나의 마음과 몸은 우리말에서 멀어져 버립니다. 말은 못 하지만 민족의식만 강하게 간직하고 있으면 훌륭한 한국인으로 살아갈 수 있고, 인정받을 수 있을 거야 하며 나만의 생각으로 가득합니다. 이처럼 나와 같은 생각을 가진 재일 2세 3세는 적지 않을 겁니다. 나의 모국어이면서 실생활에서 모국어를 사용할 수 없는 일본의 생활환경을 지적하지 않을 수 없습니다. 현재 재일 한국인이나 조선인에 대한 생활환경이나 교육환경이 일본화 또는 일본인화하는 정책에 박차를 가하고 있는 것에 근본적인 이유가 있는 것은 아닐까? 생각해봅니다.

이러한 환경 속에서 자란 재일 2세 3세가 우리말에 친근감을 느끼며 배우게 하는 방법은 크게 두 가지를 들 수 있습니다. 첫째는 순수하게 언어를 배우는 것입니다. 이것은 어느 나라이든 그 나라의 언어부터 배우고 시작하는 겁니다. 어릴 때 나는 어느 나라 사람 인가? 누구 인가? 하는 의문에 가장 먼저 떠오르는 것은 자기가 쓰는 언어라고 합니다. 이것을 잘 생각해보면 재일 2세 3세 대부분이 일본어를 쓰고 있기 때문에 모두가 자신은 일본이이라고 생각하는 사람도 적지 않습니다

두 번째는 먼저 그 나라의 역사 문화 사회에 흥미를 갖고 배우며 이해하면서 언어를 습득하는 방법도 있습니다. 하나의 언어를 습득하는 데에는

한마디로 표현할 수 없을 정도의 막대한 노력이 필요하며 시간 또한 걸립니다. 언어를 배우고자 하는 나라에 흥미를 갖고 그 나라의 사정을 잘 이해하며 언어를 습득하는 방법이 무난하다고 하는 사람도 있습니다. 어느 방법이 좋을지는 사람마다 달라서 배우는 사람이 입문하기 쉬운 방법을 선택하는 것이 좋겠습니다. 일반적으로 언어습득에 있어 가장 핵심은 흥미를 가지고 계속하는 것이며 확고한 목표를 세워야 합니다.

우리말을 잘하면 민족의식이 보다 강해지고 조국에 대해 좋은 감정이 생겨납니다. 언어를 정복하면 자신의 생활이나 활동범위가 넓어져 우리말이 자신의 장래를 열어주는 무기가 될 수 있습니다. 이 정도로 의욕적인 마음가짐을 반복하고 다짐하며 일생의 숙제인 우리말 공부에 몇 번이고 도전해 봅시다. 이번에도 또 도중에 좌절할지 모릅니다. 하지만 좌절할 때 하더라도 또다시 도전합시다. 왜냐하면, 그 무엇보다도 나의 일생을 통해 해결해야 할 가장 절실한 과제이니까요.

멜라니여, 안녕

김명미 金明美

고등학교 1학년 때 방과 후 활동으로 도서부원을 했습니다. 도서부원이 주로 하는 일은 도서실에서 신간 라벨을 붙이거나 카드 작성을 도우는 정도였습니다. 도서부원의 특권은 새 책을 제일 먼저 읽을 수 있는 것입니다. 그래서 『바람과 함께 사라지다』를 누구보다 먼저 손에 넣을 수 있었습니다. "그때 멜라니를 만나지 않았다면 이처럼 괴로운 기억은 하지 않고 살았을 텐데……"하고 몇 번이나 생각해 봅니다.

『바람과 함께 사라지다』의 주인공은 스칼렛 오하라이지만 나는 그녀의 친구인 멜라니에게 마음을 빼앗겨 버렸습니다. 관용과 청빈을 몸에 지닌 그녀는 무슨 일이 생기면 스스로 목숨을 던질 지성과 용기 있는 여성으로 비춰지면서 내 나이 16세 되던 해 멜라니와 같은 삶을 살고자 결심을 하였습니다.

멜라니를 나 자신의 삶 속에 투영하고 싶다고 생각한 그 날부터 고민은 시작되었습니다. 조모로부터 맹목적 사랑을 받으며 자란 나는 버릇없는 말괄량이에다 남자 아이보다 더한 개구쟁이였습니다. 멜라니와 같은 성격은 어느 한 곳도 찾아볼 수 없었기에 자기부정을 의식하면서 가혹하리만큼 자신을 학대하기 시작했습니다.

소설 속의 등장인물 이상을 표방하던 그때를 지금 생각하면 나에게도 그런 사랑스런 시기가 있었다는 게 의아할 정도입니다. 그때가 마침 나에게 조선인이라는 인식이 머릿속에 똬리를 틀기 시작한 무렵이기도 하고 자신을 드러낼 수 없는 시기였기에 점점 나는 자기부정만 커져 갔습니다.

그때 1년 선배인 다카야마高山씨를 만났습니다. 그녀와는 도서실에서 알게 되었고 말수가 적은 그녀와 얘기를 나눌 수 있게 되었습니다. 물일을 하고 있던 그녀의 손은 마치 글로브처럼 퉁퉁 부어올라 있었습니다. 숙부의 도금공장에서 남자들과 함께 일하면서 학교에 다니고 있었습니다.

전교 조회가 있으면 항상 누구보다 먼저 맨 앞자리에 혼자 앉아 무릎 위에 책을 펼치고 있었습니다. 접근하기 쉽지 않은 분위기의 선배였습니다. 반에서 성적이 우수하다는 소문이 자자한 터라 더욱 관심이 가는 존재였습니다. 그러는 사이에 점점 마음이 끌리기 시작하여 관심의 대상이 되었던 것입니다. 멜라니와 다카야마 선배가 나의 마음속에서 겹쳐지면서 차츰 친구들로부터 멀어지며 휴식시간은 책을 읽는 등 혼자 보내는 시간이 늘어 갔습니다.

신을 믿는 사람이 자기부정을 할 때는 믿는 대상이 있기 때문에 구원받을 길도 있겠지만, 아무 믿음도 없는 사람의 자기부정은 자살행위와 같다는 것을 한 참 뒤에 알게 되었습니다. 언제부터인지 나는 종교 책을 닥치는 대로 읽기 시작하였고 오랜 습관이 되었습니다. 그러나 종교에 대한 신앙심은 생기지 않았습니다. 자기부정은 점점 심해지고 왜 태어났는가? 무엇을 위해 살아가는 것인가?

나의 마음 한구석에 둥지를 튼 왜곡된 감정을 부정하면서 한편으로는 살아가는 의미를 끊임없이 되물었습니다. 아마도 멜라니를 만나지 않았거나 그를 대신할 누군가를 목표로 두지 않았더라면 살 수 없었다고 생각합니다. 감수성이 이보다 더 예민했다면 스스로 목숨을 끊었을지도 모릅니다. 돌이켜 생각해 보면 그것은 〈낙원〉에 꿈을 맡기고 일본을 훌쩍 떠난 사람의 숙명이었는지도 모릅니다. 온 가족이 〈북한〉으로 돌아가려고 짐을 다 꾸린 우리 집이었습니다. 1960년 봄에 나는 중학교 1학년 3학기에 학교를 퇴학하고 수개월 후인 8월에 귀국선을 탈 예정이었습니다. 하나라도 더 여분의 물건을 갖고 돌아가려고 13세가 될까 말까 하는 나이에도 마을 공장으로 일하러 나갔습니다. 서독일로 수출하는 아이스크림을 뜨는 기구를 만드는 동포의 공장이었습니다. 그 집의 아들들도 멀지 않아 귀국할 계획으로 조국으로 돌아가면 기계체조 선수가 될 거라며 정원에 만들어 놓은 철봉으로 올림픽 선수와 같은 기술을 보여 주었습니다. 조국 건설에 열정을 쏟으며 부모들보다 한발 앞서 귀국하는 고교생이랑 대학생이 당시에는 많았습니다.

그러던 중 아버지의 최종 결단으로 〈낙원〉행이 중지되었을 때 눈앞이 캄캄했습니다. 환송회를 열어 준 급우들 앞에 무슨 얼굴로 다시 돌아갈 수 있을까. 아무것도 모르지만 돌아가는 것을 그만둔 것에 안도의 한숨을 지은 것도 사실이었습니다. 중학교에 진학하지 않고 기술을 배우기 위해 양재교실에 다녔습니다. 8월의 더운 여름, 같은 또래 중학생들이 여름방학을 기다리고 있을 때 나는 천 주머니를 들고 마을의 양재교실에 다니며 양복 패턴 뜨기를 배우고 있었습니다.

"명미야, 중학교만은 나와야 한다"는 숙부의 설득으로 복학한 것은 중학교 2학년 2학기부터입니다. 한 학기의 공백은 힘들었습니다. 분수 계산법을 몰라 나중에 〈북한〉으로 돌아간 이웃집 오빠에게 매일 배웠습니다. 그 오빠도 귀국하기 위해 중학교를 일단 마치고 인쇄공장에서 일하고 있었습니다만 귀국을 조금 앞두고 실수로 오른손 엄지손가락만 남기고 기계에 절단되는 사고가 있었습니다. "아이고 아이고" 하고 오빠 어머니가 대성통곡을 하면서 병원으로 달려간 것이 마치 엊그제 일처럼 느껴집니다.

한 번 버리고 떠난 일본 생활을 다시 시작한 나는 구름 위에 붕 떠 있는 듯한 기분이었고 현실을 건성건성 받아들였습니다. 승부욕이 강해 공부에 재미를 느끼기 시작할 즈음에 귀국을 위해 학교를 퇴학하고 다시 복학해 바로 치른 능력 고사에서 전교 중간 이하로 성적이 내려갔습니다. 일등에서 꼴등까지 성적순으로 이름이 적힌 그 종이를 학교 복도에서 보고는 이제는 발버둥 쳐도 소용없다는 것을 확인하고 자포자기를 하자 몸에서 기운이 빠지는 것을 느꼈습니다. 나의 자기부정의 불길은 그때부터 타기 시작했고 겨우 들어간 공립고교에서 점점 심해졌습니다. 강해지고 싶다는 열망으로 가득 찼습니다. 강해지기 위해 멜라니를 동경하고 다카야마씨에게 멜라니를 투영하기도 했습니다. 다카야마씨는 졸업을 눈앞에 둔 가을에 혼자서 귀국했습니다. "이대로 일본에 있어도 대학에 갈 수 없으니 조국으로 돌아가 맘껏 공부하고 싶다."며 어둑한 도서실에서 이야기를 들려주었습니다. 교복 주름을 손가락으로 훑으면서 차가운 눈길을 무릎 위로 떨구던 모습이 떠오릅니다. 나의 길을 간다는 의연한 태도는 굳게 다문 입술에서 느낄 수 있었습니다. 나는 혼자서 귀국할 용기는 없었습니다. 어른들이 말하는 분위기로 봐서 〈낙원〉은 이미〈낙원〉이 아님을 어렴풋이 느꼈습니다.

　나의 수호신같이 가슴 속에서 살아온 멜라니에게 이별을 고한 것은 30년 가까이 지난 최근의 일입니다. 원래부터 멜라니 따윈 이 세상에 없었던 것입니다. 나는 인간이고 멜라니는 여신이며 스칼렛이야말로 인간다운 인간으로 돌변하는 모습은 조선 여인과 여간 닮은 것이 아닌 듯합니다. 없는 것을 달라고 떼를 써 스스로를 괴롭히기보다 "어차피 인간인 걸. 비록 부족하지만 무엇이 나쁜가? 이래봬도 힘껏 노력해서 살아가고 있잖아……"라며 또 다른 나에게 저항하고 있는 나입니다. 그리고 다카야마씨 몫까지 열심히 살아야한다고 다짐하며.

　"내일은 내일의 태양이 뜬다."고 스칼렛의 목소리가 들려옵니다. 그리고 "케세라 세라 될 대로 돼 지난 일은 모른다"는 한 구절에서 무슨 일이 있어도 살아갈 것. 주어진 생명을 소중히 여기며 생을 다 할 것. 이것이 지금 나의 삶의 목표입니다.

두 쌍의 새로운 출발

이월선李月仙

　나카센도(中仙道:에도시대 지방과 에도를 잇는 다섯 대로중의 하나로 에도에서 교토까지 내륙경로로 연결된 도로)
홋코쿠가이도(北國街道:에도시대 북쪽 육로의 총칭)에 남아있는 여관에 새겨진 긴 세월동
안 눈보라가 넘나던 모습은 지금도 우리에게 이야기를 건네고 있습니다. 내
가 살고 있는 나가노長野현의 동부 마을은 인구 2만 2천여 명의 작은 마을입
니다. 이 마을에는 재일 한국인 20여 세대가 살고 있습니다. 여느 때와 변
함없이 〈일본인처럼〉 살아가고 있습니다. 생업으로 하고 있는 일은 파칭코,
음식점, 건설업 등으로 지역에 정착하여 뿌리를 내려 적어도 외관상 보기에
도 존경받는 재일 한국인들입니다.

　오늘 이 작은 마을의 결혼식장에서 한 쌍의 젊은 커플이 탄생했습니다.
신랑은 일본인 청년이고 신부는 재일교포 3세인 내 남편의 조카입니다. 이
경사스러운 날이 있기까지 고생한 것을 생각하면 저절로 눈시울이 적셔집니
다. 신랑 신부는 지극히 평범하면서 세련된 젊은이 아니 그 이상일지도 모
릅니다. 신랑의 부친은 일본에서 누구나 다 아는 대기업에 근무하는 분이
고, 신붓집 가업은 불고기 식당을 합니다. 신랑은 우선 부모님께 '결혼하고
싶은 상대가 한국인'이라는 것을 밝히기에 앞서 책을 통해 한국과 일본의

역사적 관계를 공부하고 나서 뜻을 굽히지 않고 조카를 그의 부모님께 소개할 결단을 내렸다고 합니다.

한편 조카는 조카대로 '남자친구 부모님이 반대하시면 포기하겠다.'는 마음으로 부모님께 인사를 드렸습니다. 의외로 그 남자 친구의 부모님은 "너의 신부 될 사람이다. 행복하게 해 주어라"하며 선뜻 두 사람을 축복해 주었던 것입니다. 하나밖에 없는 아들의 신부가 한국인이라고 조그마한 흠이라도 잡히지 않을까 노심초사 했던 나의 어리석은 생각은 빗나갔습니다.

그 무렵 우리집 막내딸도 혼담이 오가고 있었습니다. 시골뜨기 딸의 상대는 일본의 코리언타운이라고 불리는 오사카大阪 거주 청년이었습니다. 각자의 생활문화와 사고방식이 다른 것은 당연하고 사람과 사람을 비교해서는 안 되지만 경사스러운 날을 맞이한 조카와 딸 둘의 환경을 비교하고 말았습니다. 남편은 젊은 나이에 저세상 사람이 된 남동생의 여식인 조카딸을 친자식처럼 키웠습니다. 둘의 결혼식을 앞두고 약혼, 예물 준비는 물론 결혼식, 피로연까지 동시에 진행시켜 온 장본인이기도 합니다. "결혼식에 있어 가장 중요한 것은 상호 신뢰 관계예요. 살아가는데 편한 것이 중요하지 형식이나 틀에 구애 받을 필요는 없어요."하며 신랑부모님으로부터 격려를 받았다는 소식을 전해 듣고 진심으로 머리가 숙여졌습니다. 그 이후에도 상대방으로부터 일방통행 방식의 경우는 한 번도 없었습니다. 한국에도 일본에도 여러 가지 풍토가 있고, 잘 가다듬어져 전해 내려오는 아름다운 전통과 문화가 있습니다만, 결혼식을 거행하는 과정도 양국의 관습대로 이루어졌습니다. 식을 거행하는 과정에서도 일본과 한국의 관습이 선명하게 살아 있었습니다. 풍화된 재일한국인사회를 살아온 나는 일본도 잘 모르는 채 살아왔습니다.

재일한국인의 아픔과 조국에 대한 향수에 젖어 언제나 아리랑을 부르다 돌아가신 부모님의 뒷모습만 보고 자랐기 때문입니다. 우리 아이들의 결혼이라는 인륜지 대사를 치르면서 후세에 계승되었으면 하는 아름다운 관습, 시대에 맞지 않다고 여겨지는 풍습 등 많은 것을 생각하게 되었습니다. 동포끼리 결혼을 하는 경우 특히 출신지나 본관 등에 얽매이거나 조건을 따지는 등의 까다롭기 짝이 없는 것이 많습니다. 왜냐하면 동포들 사이의 우연한 만남의 기회가 적은 환경에서 특히, 거주자가 적은 지방에서 우연히 조건이 맞기라도 하면 복권에 당첨된 것이나 진배없기 때문이니까요. 그런 가운데 결혼 준비를 하는 상황에서 예를 들어 "한국에서는……"이라든가 "우리 지역에서는……"라고 말하기 시작하면 딸을 〈인질〉로 보내는 부모의 심정은 무겁지만, 지금 당장 눈앞에 딸의 행복을 기원하며 쓰라리고 화가 나도 불리함을 삼키지 않을 수 없는 것이 현실입니다.

이런 부모들의 비애를 아는지 모르는지 재일동포 커플 중 10쌍 중에 7쌍이 일본인과 국제결혼을 한다고 합니다. 조카딸처럼 상대가 일본인이든 한국인이든 가장 사랑하는 사람과 맺어지는 것이 행복한 결혼의 조건이라면 국적 이전에 사랑이 당연한 전제가 아닐까 싶습니다. 혈연이라는 것이 무엇인지 생각해볼 여지가 많습니다. 지금 우리 집에 25세 되는 독신 외아들이 있기 때문에 머릿속은 패닉 상태입니다.

"한국의 민족의상 너무 아름다워요. 꼭 입히세요."라는 조카딸 시부모들의 주문도 있고 해서 신부는 색동 치마저고리를 입었습니다. 옷고름도 매지 못하는 사람이 많지만, 물론 신랑 측은 가문의 문양이 새겨진 기모노를 입었습니다. 이것이야 말로 한국과 일본의 역사가 남긴 유물이라 하겠습니다. 이런 결혼식은 시대의 새로운 풍경으로 정착되어 가길 바랍니다. 신부는 일본어 밖에 할 줄 모르는 한국 사람입니다. 하지만 붉게 흐르는 피는 틀림없는 우리나라 사람입니다. 오늘부터 국적이 〈일본〉으로 바뀌고 패스포트의 색깔이 바뀌어도 민족의 긍지만은 잊지 않고 두 주먹 불끈 쥐고 살아가길 바랍니다. 김치를 아주 좋아하지만 조국을 모르는 2세입니다. 조국은 부모에게는 유구한 추억이 겹쳐지는 곳이지만 나에게는 꿈속에서만 만날 수 있는 아름다운 고향입니다. 그래서 더욱 잃고 싶지 않고 잊을 수 없는 어머니와 같은 조국입니다.

오사카의 코리언 타운의 신부가 된 딸도 내년 봄에는 부모가 된다는 기쁜 소식을 전해왔습니다. 태어나는 아기는 재일 4세로 이 일본 땅에서 살아갈 것입니다. '어머니', '오까상', '마마', '엄마'가 되는 나의 딸을 손자는 어떻게 부를까? 그리고 어떤 길을 택해서 나아갈까? 장차 손주들이 짊어지고 갈 새로운 시대에는 보다 나은 재일한국인의 문화 창조와 풍요로운 재일동포사회가 도래 할 것을 간절히 바랍니다.

신혼여행을 출발하는 두 사람을 배웅하고 식장을 나서자 도로 옆 주차장 한 쪽에 자리한 마을공장 앞뜰에 태극기와 일장기 그리고 안전기가 가을바람에 힘차게 펄럭이고 있었습니다. 마을은 붉게 물들인 석양빛과 색동 치마저고리와 축하객들의 기모노 차림은 꽃을 수놓은 듯이 화려하게 뒤섞여 환희 웃고 있었습니다.

  "행복해라"며 나는 행복한 눈물을 닦으며 젊은 두 쌍의 출발을 배웅했습
니다.

스무 살을 맞이하여

조선자趙善子

"조선자씨! 조선자씨!"

대학에 들어와 듣는 첫 수업시간 두 번이나 이름을 듣고 나서 내 이름을 부른다는 걸 겨우 알아챘다. 대학에 들어와서 바꾼 본명이라 익숙하지 않아 누군가 날 불러도 금방 반응 할 수 없었지만 지금은 '조짱'이라고 하는 귀여운 닉네임까지 붙어 거의 친숙해 졌다. 6월 14일에 스무 살이 된 지금까지 내가 걸어온 길을 되돌아보면 그 길은 나 개인의 길이었고 동시에 재일한국인 3세의 길이기도 했다는 것을.

나는 어렸을 때부터 한국사람이라고 들으면서 자랐다. 그런데 중학교에 들어갔을 때 수업 중에 선생님이 사용하시는 '우리 일본인'이나 체육대회 때 일장기가 게양되는 것을 보면서 한국의 문화나 역사에 조금씩 흥미를 가지기 시작하여 여러 가지 책을 읽게 되었다. 그러면서 조부모님이나 부모님 시대에 있던 차별도 알게 되었다. 여러 가지 정보를 접하면서 난 한국인이면서 한국문화도 언어도 모르고 있다는 섯을 싶이 생삭하게 되었나. 그리고 일본에서 태어나고 자라 외모도 일본인과 별 차이 없이 일본인도 아니고 한국인도 아닌 어중간한 입장을 느끼며 초조해지기까지 했다. 그러면서도 한국이 모국이란 것을 마음에 새기고 동경하기 시작했다. 그런 나를 곁에서 보고 계시던 부모님께서 한국을 여행할 기회를 마련해 주셨다. 6일간의 무전여행이었지만 일본과의 차이를 많이 느낄 수 있는 계기가 되었고, 일본에 도착하자마자 '돌아왔다'고 안도하는 자신을 보면서 한국은 외국이었던 것을 인정하지 않을 수 없었다. 이번 여행 중에 한 명의 미국인 청년과 만났다. 그는 한국어를 배우기 위해 연세대학교 어학당에서 공부하던 중에 만난 일본인 여성과 결혼한 두 사람의 대화는 한국어로 소통하고 있었다. 그 친구들은 내 자신이 한국인인지 일본인인지를 집착하는 나에게 국가, 인종, 민족의 장벽을 뛰어넘을 수 있는 넓은 시야를 갖게 해 주었다. 일본에서 태어나 자란 한국인이라는 있는 그대로의 나를 받아들이고 살면 된다는 것을 깨닫게 되었다. 나와 한국을 연결해 주는 친숙한 문화는 변함없이 유지하고 흥미를 간직한 채, 한 개인으로 풍요로운 삶을 사는 것을 목표로 세워 폭넓고 다양한 관심을 갖고 흡수하고 싶다는 생각이 들었다. 고등학교 마지막 홈룸시간에 전교생 앞에서 재일한국인 3세로 한국의 역사와 문화를 접하면서 생각하고 느낀 것을 말하는 기회가 있었다. 이미 친한 친구는 내가 한국인이라는 걸 알고 있었지만 이번 기회로 모든 급우들이 알게 되었다. 내가 한국인이라는 것을 처음으로 알고 나서 한국이나 재일한국인에 대한 관심을 갖게 되었고 뉴스나 신문내용도 주의 깊게 보고 듣게 되었다며 감상을 들려주는 친구도 있었다. 이번 기회로 남들과 다른 현재의 나의 위치가 조금이라도 학교생활에 도움이 된다는 것이 기뻤고 일본에서 태어난 것도 다행이라고 생각하게 되었다.

나는 재일 1세 2세가 받아 온 차별 같은 것을 체험한 적은 없지만, 그렇다고 해서 나와 같은 세대의 일본인이 한·일의 역사를 알고 재일한국인에 대한 인식이나 이해가 있냐고 하면 그렇지도 않다. 잘 알지도 못하고 관심 없는 친구들이 더 많다. 심지어는 식민지시대의 창씨개명의 사실도 모르고 '자신들의 민족이 부끄러워서 감추기 위해 일본 이름으로 바꾼 것으로 알고 있었다.'고 말하는 사람이 생각보다 많아 놀라지 않을 수 없었다. 대학에서 제2외국어인 한국어 시간에 도요토미히데요시가 일으킨 임진왜란을 다룬 한국드라마를 볼 기회가 있었다. 그때 선생님께서 "나는 이 비디오를 여러분에게 보여주고 일본인이 나쁘다고 말하고 싶은 것은 아니다. 우리 인류가 누구든지 범할 수 있는 실패를 두 번 다시 되풀이 하지 않기 위해 우리들은 역사를 배우는 것입니다."고 말씀하셨다. 우리가 미래의 삶을 생각하는 데 있어 제일 중요한 것은 역사를 아는 것이라고 생각하게 되었다.

그래서 최근 나는 '아는 것이 힘이다'를 통감하고 있다. 요즘 내가 재일한국인으로 태어나 다행이라고 생각한 것은 한국과 일본 두 나라를 알 수 있다는 것이다. 중학생 시절 내가 한국인인 것을 모르고, "난 왠지 한국인이나 중국인이 싫어."라고 말한 친구가 있었다. 만약 내가 일본에서 태어나고 자란 일본인처럼 차별 받는 사람의 괴로움이나 분노, 역사적 배경을 몰랐더라면 무의식적으로 악의 없이 그런 발언을 했을지도 모른다고 생각하니 무섭다. 모른다고 하는 것은 어떤 의미로 죄라고 생각했다.

스무 살이 되면서 든 생각은 비록 학생이지만 매사에 폭넓은 관심을 기울이며 힘을 길러 더욱더 많은 것이 알고 싶어졌다. 지금 당장 한 사람이라도 국가, 민족, 인종, 사회 등 배경을 구분 짓지 않고 개인만 보고 평가하는 사회가 되길 바란다.

김동을 아버지를 찾아뵙고

신민자慎民子

5월 23일 토요일 오전 10시 30분 6명의 여성이 도쿄역 지하3번 홈에 모였다. 6명의 여성은 「종군위안부문제-우리여성네트워크」(약칭 여성네트)의 멤버들이다. 이 날 모인 목적은 기사라즈木更津에 살고 있는 재일교포 1세 김동을 씨를 만나 조선인위안부에 대해 자세한 이야기를 듣기위해서 였다. 그리고 전쟁말기에 구일본군이 팠다고 하는 지하공장 현장에도 갈 예정이었다.

이 이야기에 들어가기 전에 먼저 몇 가지 설명을 해두고자 한다.

여섯 명 중 한 명인 나는 이 날보다 약 한 달 전인 4월 29일에 「조선인강제연행 치바현千葉県 진상조사단」이 주최한 필드워크에 딸과 함께 참가했다. 그날은 조선반도북부에서 치바현으로 강제연행 된 사람들의 발자취를 따라 가와사키川崎에서 페리를 타고 기사라즈로 향했다. 강제연행으로 온 사람들은 어느 날 갑자기 사랑하는 아버지 어머니 부인 자식과 헤어져 평양에서 기차를 타고 부산에 도착해 배를 탔다. 어디로 가는지 거기서 무엇을 하는지 조사도 일러주지 않아 아무것도 모르는 재 배에 실려 도정에 올랐다고 한다. 그들은 어떤 생각으로 그 바다를 바라봤을까…… 페리 꽁무니에서 연이어 치솟는 하얀 파도를 응시하면서 내 마음은 점점 무거워져 갔다.

치바현 기사라즈에 구 해군이 군대를 설치한 것은 1936년 이었다. 1941년에 이와네巖根공장이 설치되고 1942년 10월 기미츠君津市시에 야에하라八重原공장이 들어섰다. 이 무렵 조선반도와 일본국내에서 530명의 조선인이 강제연행 되어 그 공사에 종사하게 된다. 김동을 씨는 이때 혼자서 식량이랑 자재조달 관리 등의 일을 했다고 한다. 또 44년 후반에는 본토결전을 상정해서 훗츠시富津市 사누키佐貫의 작은 산과 들이 있는 산림에 지하공장을 만들기 시작했다고도 한다. 이곳은 작년에 지역조사단에 의해 조사발견 된 것으로 4,50개 정도의 터널이 확인되고 있다.

그 규모는 마츠시로松代 대본영 다음으로 큰 규모인 것으로 전해지고 있다. 산 한가운데에 들어서면 터널의 입구가 여기저기 보인다. 높이나 폭이 모두 5미터 이상쯤 될까? 한 발짝만 들어서도 그 속은 아무것도 보이지 않는다. 벽에 빛을 비추면 곡괭이 자국이 하나하나 새겨져 있는 것이 보인다.

"도망가다 잡히면 사람들 앞에서 강제로 살해당했어요. 본보기로 말이죠. 그래도 저는 분뇨를 버리는 변소 구덩이 구멍으로 도망쳤어요. 어떻게 하든 죽으니까 조그마한 희망을 걸고서 도망쳤죠."라고 하던 몇 년 전에 들은 이웃 아저씨 이야기가 떠올랐다. 갑자기 손이 번쩍 뻗친다. 벽에 남겨진 상처의 촉감인지 손가락 끝이 떨린다. 곡괭이를 치켜드는 아버지나 오빠의 몸을 직접 만지는 듯한 기분이다. 지금도 그곳에 서 있는 것 같다. 이 손가락 끝의 감촉을 잊지 않으려고 가슴 속 깊은 곳에 소중하게 새겨 넣는다.

딸이 "그렇게 크고 많은 터널을 사람 손으로 그것도 조선인이 맨손으로 팠다고 생각하니 눈물이 쏟아 질 것 같아요."라고 한다. 딸 역시도 지금까지 머리로만 이해하고 알고 있던 역사를 몸으로 직접 느낀 것일까?

기사라즈에 해군 위안소가 있었다. 니시노 루미코西野留美子가 쓴 『옛 병사들의 증언元兵士たちの証言』에 따르면 "기사라즈의 위안부들은 해군 위안소 종업원으로 모집되었다. 위안소 건설의 자재는 군자재로 발주되었다. 식량 잡화 등도 항공창의 물자부로부터 특별배급을 받은 것으로 실질적으로 군대의 관리 통제 하에 있었다. 총 인원 50여 명 중에 조선아가씨 10명 오키나와 아가씨 몇 명 그 외에 일본 아가씨들이었다. 전후에는 점령군상대의 위안소에 들어갔다"고 한다.

전쟁 중에는 아시아 국가는 물론이고 미개한 섬에 이르기까지 일본군이 가는 곳이면 어디든지 위안부를 데리고 다녔다는 것은 역사적인 사실이다. 일본 국내를 예를 들면 홋카이도 마츠시로 가시와 등지에서 위안부의 존재가 밝혀져 왔다. 그리고 기사라즈에도 있었다. 지금 각지에서 강제연행의 조사발굴이 진행되고 있듯이 위안소에 초점을 맞춰 봐도 그 수는 늘었던 것이 틀림없다.

"치바현 쵸시銚子에 가면 통조림 공장에서 일할 수 있어"라고 속여 조선아가씨 열 명을 일본에 데려온 이는 다카모리라고 하는 조선 남자였다고 한다. 그는 일본여성과 결혼한 부부로 위안소를 경영하였다. 일본군부의 앞잡이로 동포를 판 인간이 여기에도 있었다. 조선인 위안부에게 관한 증언에서 종종 나오는 이야기이다. 나는 〈카라유키상〉에 등장하는 일본인 중개업자에게 화가 나지만 아픔은 느끼지 못했다. 그러나 일본인의 앞잡이가 되어 동포를 팔아넘긴 조선인 중개업자에게는 아픔뿐 만이 아니라 강한 분노를 감출 수 없었다. 그것은 내가 일본에 사는 한국인이 여서 그런 것일까? 어릴 때부터 좋은 일이든 궂은 일이든 일본인과 조선인 사이에서 자신을 찾는 작업을 계속해 와서 일까?

그리고 현존하는 조선인 위안부를 엄마 언니 나 자신의 일처럼 감정이입하면서 강제 징병 징용된 사람들을 아버지나 오빠라고 생각하게 됐다. 그야말로 나라를 팔고 동포를 판 그네들도 또 다른 나의 가족이라고 생각하지 않을 수 없다. 그리고 나 자신 '피해자 조선인'이 계속될 수 없고 언제든 가해자가 될 수 있다는 것을 알게 되었다.

인간이 가해자와 피해자 밖에 없다고 하면 나는 피해자라고 생각하며 계속 살아와서 인지 이러한 사실을 받아들이고 싶지 않았다.

서론이 길어져 버렸다. 5월 23일 김동을 씨의 이야기로 되돌려 보자. 김동을 씨는 1916년 함경남도 북청군에서 태어나 76세인 지금도 아이스크림 도매 가게를 거뜬히 경영하며 귀염둥이 손자 5명 둔 할아버지이다. 전쟁이 끝나고 기사라즈에 남았지만 몇 년 만 지내다 고국으로 돌아갈 예정이었다고 한다. 전쟁이 끝난 직후에 귀국자를 150~200명씩 모아 기차에 태워 시나가와品川에서 하카타博多까지 보내는 일을 7~8회 정도 했다고 한다. 그 이후에도 조선인이든 일본인이든 가리지 않고 일상생활에 도움 되는 일이라면 민족 갈등에서부터 이웃 일본인 문제에 이르기까지 해결사 역할을 도맡았다. 수해를 입은 어느 해에는 12년간의 긴 재판도 싸워서 이겼다고 한다. 그렇게 열심히 일한 덕에 지역민들의 후원으로 구청장까지 선출된 적이 있는 분이었다. 게다가 "살아있는 사람 입에 거미줄이야 치겠느냐"며 아버지의 낙천적인 성격과 정의감 넘치는 인간성이 인상적이었다.

1946년 어느 날 "조선인끼리 싸우고 있으니 말려 달라"는 주위의 부탁을 받고 롯칸大幹마을로 달려간 이야기부터 시작했다. "위안소가 있다는 것은 알고 있었지만 가본 것은 처음이었어요."도착했을 때 싸움은 끝났지만 조선아가씨들의 고함소리가 들려와서 깜짝 놀랐어요. 어찌된 영문인지 물었더니 아가씨들은 강원도의 어느 같은 마을 출신 열 명이 1943년 다카모리에게 속아서 여기 쵸시에 왔는데 쵸시에 와서 위안소인 걸 알고 한명은 바다에 몸을 던져 죽고 말았고, 그 후 3명이 롯칸마을로 이동했다고 하더군요. 한 명은 16살의 어린 소녀여서 식사 준비 등을 시켰는데 전쟁이 끝난 후에는 미군을 상대하라고 강요받았다 하고 또 한 명은 20살 전후인데 이런 몹쓸 짓을 시켜 사람의 일생을 망가뜨렸으니 어떻게 할 거냐? 며 다카모리를 꾸짖었다고 해요. 46년이 지난 지금도 몸을 던진 소녀 이야기를 할 때면 "위안소 생활을 받아들일 사람은 이 세상 어디에도 없겠지"하며 씁쓸한 표정을 지으며 말투가 거칠어지는 아버지였다. 다카모리를 꾸짖을 때는 아버지의 분노가 나의 마음에도 똑 같이 일어났다. "그리고 다카모리의 가재를 전부 털어 3만 엔의 돈을 만들어 세 명에게 나눠줬어요. 도쿄에서 선물을 사서 시나가와에서 하카타까지 기차로 보낸 후 3명을 다시 같은 배에 태워 고국으로 돌아가게 했지요. 그런데 그 중에 한 명은 도망쳤어요. 가마타蒲田에 있다는 소문을 듣고 찾아가봤지만 미국이이 집 밖으로 나와서 같이 살고 있다고 말할 뿐 본인은 나오지 않더군요."

속아서 위안부가 된지 수년이 흘렀고 가족과도 헤어진 채 오랜 세월을 보내 그녀들의 고통스러운 생활에서 구제받은 기쁨은 헤아릴 수 없었을 것이며 얼마나 고향으로 돌아가고 싶었을까. 그런데 고향으로 돌아가는 길에 도망 가 버릴 줄이야…….

몇 명의 위안부의 증언을 들어봐도 고국으로 돌아간다 해도 집에 돌아가지 못하고 고독한 생활을 선택한 사람이 대부분이었다고 한다. 병든 몸과 마음을 가족으로부터 치료받고 싶었지만 어머니의 품에 안길 수 없었다. 김동을 아버지는 구해준 〈아가씨들〉 안부를 걱정하였지만 그녀들의 소식은 알 수 가 없었다. 쵸시에 같이 온 다른 6명은 그 후 어떻게 살고 있을까? 그녀들의 남겨진 발자취를 찾고 싶다. 게다가 일본국내에 도대체 어느 정도의 위안소가 만들어졌고 몇 명의 여성들이 희생되었을까? 많은 의문이 남았다. 이 의문을 과제삼아 돌아가는 길에 〈여성네트〉 멤버들과 이야기를 주고받았다.

후일, 일본으로 연행되어 올 때의 상황을 듣고 싶어서 김동을 아버지에게 전화를 했다. 그 전말은 이러했다. 아버지는 1942년 10월 26일 2천명의 동포들과 같이 요코스카에 도착해 거기서 팻말 앞에 나란히 서게 된다. 팻말에는 아오모리青森 오미나토大湊 모바라茂原로 치바현보다 북쪽의 지명이 쓰여 있었다고 한다. 그때 아버지는 기사라즈라고 쓰진 곳에 서게 된다. "부산에서 3, 4일 배를 타고 이동했어요. 대부분의 사람들이 배 멀미로 뒹굴고 괴로워했지요. 멀미를 하지 않는 몇몇의 사람들은 갑판에 나가 구름 한 점 없는 하늘을 바라보고 있었지요."하며 불안했던 그 때의 상황을 말씀해 주셨다. 날씨가 좋은 날이라 후지산이 보여서 일본으로 향하고 있다는 것을 알

앉다고 한다.

　강제연행을 경험한 아버지는 "위안부 문제를 제대로 해결하는 것은 아시아 전체를 위해서다."라고 몇 번이고 말씀하셨다. 이러한 귀중한 경험담과 증언을 남기게 되어 뿌듯하다.

　아버지가 구해낸 3명은 벌써 60대 후반정도가 되었겠지. 다른 위안부들도 고령이 되고 말았듯이. 하루라도 빨리 해결되길 바란다. 그리고 위안부들이 마음을 닫지 않고 한 개인으로 긍지를 가지고 마음을 열 때까지 우리들이 할 수 있는 일을 하고 싶다고 생각했다. 지금이라도 무엇을 할 수 있을지 한번 생각해보자.

재일3세로 태어나
-오피스 레이디 2년 그리고 유학-

조순화 曺順華

    연세대학교 어학당에서 모국어를 배우기 위해 서울에 온 지도 벌써 8개월 째 접어들었습니다. 지금 나의 어학 수준을 말하자면 유학 오기 전에는 한글을 겨우 읽을 수 있는 정도로 이해력은 물론 회화구사는 거의 못했습니다. 이제는 그나마 간단한 일상회화 정도는 말할 수 있어 "이런 거구나." 하며 자기만족을 느끼며 나름대로 즐기며 여유롭게 공부하고 있습니다. 하지만 적령기 나이에 이런 생활을 하고 있어도 괜찮을까? 하고 가끔 걱정이 들기도 했습니다. 가장 큰 목적은 어학공부이지만 이제는 그 이상도 나름 생각하며 한국 국적을 가진 3세로 일본에서 태어나 자란 내가 조국을 어떻게 상대하고 있는 가를 생각나는 대로 적어보고자 합니다.

    나는 대학에서 미술을 전공하였고 졸업논문은 한국의 황금문화 시기 「신라시대 고분에 나타난 여성 장신구에 대하여」였습니다. 교수님도 이해하기 난해한 내용이었지만 논문은 통과 되었습니다. 여름 방학 때 사전조사를 위해 한국을 찾은 시기에 일어난 사건이 있었습니다. 연령에 상관없이 여성들의 행방불명사건이 다발多發하던 때입니다. 부산에 계신 할머니의 근심은 이만저만 아니어서 서둘러 대충 경주를 둘러보고 나머지는 참고 문헌을 조사해 논문을 완성했습니다. 논문 말고도 그림에 재능이 없는 것을 입학 후에 자각하고는 실을 꼬아서 염색한 한 폭의 그림을 완성해 졸업 작품으로 제출했습니다.

이러한 연유로 섬유관계 회사에서 2년간 오피스 레이디 생활을 보냈습니다. 다섯 살 위인 큰언니는 취업할 때부터 꽤나 차별을 받았던 것 같지만 한 살 위의 작은 언니는 교수의 추천으로 곧바로 취업이 정해졌으며, 90년에 졸업한 나는 운 좋게도 가장 잘나가는 시장에서 차별을 느낄 새도 없이 취직이 되었습니다. 배속된 부서는 남자 사원과 같이 시간외 근무나 출장도 잦고 귀가 시간이 늦어 집에서는 안절부절 못했습니다.

이런 직장생활을 보내면서 나는 나름대로 보너스의 절반을 영어회화학원에 냈지만 갈 시간이 없어 마음 졸인 적도 많아 한편으로는 맞선이라도 봐서 결혼을 할까 하며 진진하게 생각해본 적도 있었습니다. 하지만 위로 언니가 두 명이나 있어 어머니는 내 걱정은 안중에도 없었습니다. 그런 어머니께서 "영어회화 공부도 좋지만 모국어를 마스트 하는 것이 우선이지 않아? 연세대학교의 어학당은 국제적인 것 같으니 영어공부도 되고 일석이조이지 않아? 생각해봐."하며 권하셨습니다.

지난해 9월에 입학한 나의 룸메이트는 재미동포로 〈우리말〉을 전혀 못해 우리는 영어로 대화를 나눴습니다. 고향생각에 울고 있는 그녀에게는 안됐지만. "바로 이거야."나는 영어도 마스트 할 수 있다고 속으로 생각했습니다. 세 자매에 질린 어머니 등살에 쫓겨 온 듯한 감이 없지 않아 있었지만, 어쨌든 지금 돌이켜보면 모국에서 유학할 기회를 얻어 감사할 따름입니다. 왜냐하면 지금까지 내가 품고 있던 소박한 의문이나 욕구 불만이 하나하나 체험을 통해 해소 되어 가고 있었기 때문입니다. 높고 깨끗한 청공 아래 아름다운 가로수로 에워싼 연세대학교의 광활한 캠퍼스 동문 옆에 위치한 새롭고 모던한 어학당 주변의 나뭇잎도 물들고 낙엽이 떨어지는 초겨울 느낌마저 감돌았습니다. 내가 처음 여기에 왔을 때는 또 다른 추위가 있었습니다. 갑자기 퇴직한 그것도 모자라 퇴사 3일후에 일본을 뒤로 했습니다. 집을 떠나 살아본 경험도 없고 조국이라고 해도 기대와는 달리 불안에 떨면서 김포공항에 첫 발을 내디뎠습니다. 일본에는 벚꽃이 피기 시작할 무렵이었지만 서울은 아직 차가운 바람이 이는 것이 마치 나의 어수선한 마음과도 같았습니다. 하지만 이미 돌이킬 수 없었습니다. 짐을 자동차 트렁크에 싣고 다니게 될 연세대학교와 서울대학교를 견학하였습니다. 일본에서 내가 나온 대학도 구릉지에 있는 넓은 캠퍼스로 다리가 좀 불편한 나는 교실을 이동할 때 스쿠터를 이용했습니다. 그곳의 몇 배인지 예측 할 수 없는 넓이와 짙은 신록, 전통을 느낄 수 있는 클래식한 교사를 보고는 이렇게 근사한 대학에서 공부하게 된 것을 생각만 해도 지금까지 나의 마음을 덮고 있던 뿌연 안개가 한순간에 사라져 버리는 것 같았습니다. 지금까지 시골에서 자란 나에게 머리가 어질어질할 정도의 만남이 있었습니다. 급우들의 이름을 다 외워갈 때 쯤 개나리 진달래가 흐드러지게 피고 길도 학교도 그림물감을 쏟아 부은 듯한 선명한 핑크와 노랑으로 꽉 채워져 마치 나의 한국생활을 환영해주는 듯하여 가슴이 두근거렸습니다. 그것도 잠시. 고모 집에서 학교까지 버스 타는 길을 익히고 주위를 돌아볼 여유가 생기자 왠지 모를 싫은 것들이 눈에 띄기 시작하였습니다. 처음으로 부딪친 난관은 교통이용의 불편이었습니다. 버스의 경우 러시아워가 되면 아무 곳에나 정차하기 때문에 내가 타고 다니는 버스가 오면 버스를 향해 뛰어가 타지 않으면 안 되었습니다. 다리가 불편해 질주 할 수 없는 나는 몇 번이나 놓치고 말았습니다. 내가 필사적으로 신호를 보내도 운전기사가 무시하는 것 같아 보는 사람이 아무도 없었다면 "왜? 어째서?"라고 외치고 싶었고, 그 자리에 주저앉아 울고 싶은 적도 몇 번이나 있었습니다. 도로의 자동차 우선은 말로 다 할 수 없을 정도로 클랙션을 울려 대고 횡단보도는 적었으며 있다고 해도 좀처럼 녹색불로 바뀌지 않았습니다. 녹색불로 바뀌어 건너면 금방 빨간 불로 바뀌는 바람에 서둘러 건너지 않으면 안 되었습니다. 나에게 있어 가장 고통스러운 일이었습니다. 물건을 살 때 값을 흥정 할 때도 흡사 싸우고 있는 듯해서 강하고 씩씩하지 않으면 이 나라에서는 살아갈 수 없는 것은 아닐까? 하는 생각도 들었습니다. 그러나 버스나 지하철에서 노인이 타면 반드시 누군가가 자리를 양보합니다. 일본보다는 훨씬 노인을 우대하고 존중하는 것 같습니다. 내 안에 있는 일본적인 감각이나 선입관은 결코 사라지지 않았습니다만, 이러한 서울에 살면서 조금씩 익숙해져 가는 나를 발견했습니다. 수업 중에 한국 생활에 관한 이야기를 나눌 때는 대개 마지막에는 한국에 대한 비판으로 결론이 나 버립니다. 대부분이 가게 점원의 서비스가 불친절하다든가 교통이용이 불편하다든가 입니다. 그럴 때마다 선생님은 항상 "서울은 너무 혼잡해서 사람들이 불친절하다"며 슬픈 표정을 지었습니다. 일본에서 태어나 살면서 한국인이라는 아이덴티티를 인지하면서 나 자신을 이끌어 왔기 때문에 "한국을 좋아하고 싶지 싫어하기 싫다"는 심적 갈등으로 복잡한 심경이었습니다. 일본에 있을 때 한국인이라는 자각과 실체가 없이 애국심이나 자존심 등이 앞서는 지금의 나로서는 잘 표현할 수 없는 정말 구체화할 수 없는 것들이었습니다. 서울에서 알고 지내는 같은 또래 재일 3세도 나와 똑같은 당혹감을 겪고 있는 것을 알았습니다.

오히려 역으로 일본인이 한국어를 공부하러 온 사람들의 경우 한국을 이문화의 나라 외국이라는 인식을 하고 있는 탓인지 아무 탈 없이 한국생활에 젖어 들어가는 느낌마저 들었습니다. 그들은 재일한국인으로 여기에 와 있는 유학생보다도 훨씬 더 확실한 목표를 갖고 있었습니다. 순수하게 한국이 좋아서 왔기 때문에 공부도 정열적이며 생활도 즐기고 있는 것 같았습니다. 어학당은 초급에서 고급까지 여섯 단계로 나눠져 480명이나 됐습니다. 그 중에서 일본인 175명, 재일교포 85명, 재미교포 60명, 재카나다교포 60명, 미국인 50명, 이란인 10명, 리비아인 10명, 중국인6명, 카나다인 4명, 그외 20명으로 일본인이 전체의 삼분의 일 이상을 차지했습니다. 유학의 목적은 여러 가지입니다만, 재일교포의 경우는 대개가

  1. 한국인이니까 한국에 대해 좀 더 알고 싶어서
  2. 친척이 있어 오기 쉬워서
  3. 한국대학에 입학하기 위해서

등이지만 일본인의 경우는

1. 한국이 좋고 관심이 있어서

2. 일본대학에서 한국어를 배우고 있어 더 깊게 공부하고 싶어서

3. 한국에 근무 중인 비즈니스맨이나 주재원 부인

4. 어학 공부가 좋아 한국어를 마스트해서 한국 관련 일을 하고 싶어서

등으로 확실한 목표의식을 갖고 있습니다. 이문화를 있는 그대로 받아들이며 면학에 전념하며 여기생활을 즐기고 있는 외국인을 보며 나 자신이 너무 형편없이 느껴졌습니다.

내가 모국에 대한 기대가 너무 컸던 탓인지 싫은 일면을 보면 무서울 정도로 큰 실망감에 빠지고 맙니다. 그리고는 어느새 일본과 비교해버리고 마는 나 자신이 여기에 있습니다. 일본적인 가치판단이나 선입관을 버리지 않으면 한국생활에 익숙하기 어렵다는 것을 알면서 일본인적인 색안경을 버리는 것이 손쉬운 일이 아니라는 것을 최근에 알게 되었습니다. 이것을 바꿔 말하면 나는 명백하게 일본화 된 인간이라는 사실을 깨닫게 되었습니다. 이제는 한국을 외국으로 생각하고 접근하지 않으면 한 발짝의 진전도 없다는 것을 알았습니다. 지금까지 일본에서 자란 나에게 한국에서의 생활은 당혹 그 자체였습니다. 그리고 여기서 일본인을 접하면 재일 한국인과는 다른 시점이 있다는 것을 알고 그들로부터 많은 것을 배울 수 있다는 것을 새롭게 느꼈습니다. 한국과 일본은 가장 가까우면서 먼 나라라고 하는 말은 참으로 묘한 표현입니다. 서울에 올 때까지 나에게 흐르고 있는 한국인의 피에 내한 사부심이 실체도 없이 불안정한 것이었다고 여겨집니다. 여기서 뒤돌아 보면 난 명백히 일본인화 된 한국인이기에 그 자부심에는 깊은 의미가

없는 것을 깨달았습니다. 보다 확연한 나라고 하는 존재가 실체가 보이기 시작했다는 생각이 들었습니다. 그래서 이전보다는 순순히 넓은 마음으로 자기 자신을 받아들이게 되었다고 할 수 있습니다.

　재일 한국인이 일본에 동화되어 있는 현상도 여기 있는 재외동포와 접하면서 너무나 자연스럽게 이해하게 되었습니다. 여기에 와서 또 하나 눈뜨게 된 것은 재미동포와의 만남이었습니다. 그들의 대부분은 1.5세나 2세로 한국어를 전혀 모르는 사람이 적다는 것입니다. 한국어와 영어를 너무 잘 구사해 놀랐습니다. 아마, 그들의 부모님이 영어가 능숙하지 못하는 사정도 있겠습니다만, 미국에서는 피부색이 다르다는 것이 가장 큰 문제이지만, 이 피부색 차이로 인해 싫든 좋든 그들은 자신이 한국인이라는 의식을 갖지 않으면 안 됩니다. 차별은 있지만 보호색으로 드러내야하는 점이 일본과는 다른 그들만의 어려움이 있습니다. 일본에서 한국인과 일본인의 눈에 보이는 차이를 생각해 보면 일본에 동화되어가는 것은 피할 수 없는 것이라고 생각됩니다. 동포들이 각각의 나라에서 어떻게 살아가는지? 그것은 너무나 개인적인 문제입니다. 주위에서 좋다 나쁘다고 결코 말 할 수 없으며 과거에 집착해서 사물을 보는 것은 더욱 안 된다고 생각합니다.

　나는 이번 유학생활을 통해 나에게 흐르고 있는 한국인의 혈통을 순순히 받아들이고 사랑하게 된 이 의식의 변화가 나에게 크나큰 수확이었기에 이 기회를 진심으로 감사하게 생각하고 있습니다. 먼 장래에 일본에 동화되었을 지라도 그것은 한국인임을 부정하는 것과는 전혀 다르다는 것에 대한 자신을 얻었기 때문입니다. 여기서 말을 배우고 생활하고 생생한 한국을 느낄 수 있는 체험 그것이야말로 재일 한국인으로 태어난 나 자신을 찾는 것이기도 했습니다. 지금은 일본에서 태어나 자란 것에 감사하고 있습니다. 두 나라를 사랑할 수 있고 두 나라의 문화를 이해 할 수 있는 실마리를 찾았기 때문입니다. 용기를 내어 동해를 건너간 그곳에 분명 전신전령이 떨리는 만남이 있었습니다.

숭늉

주수자 朱秀子

오래간만에 법랑냄비로 밥을 지었다. 냄비바닥에 아주 얇게 단단히 눌어붙은 누룽지에 뜨거운 물을 붓고 끓였다. 냄비에 담겨있는 것을 그릇에 담아내면 누룽지의 구수한 냄새가 감돈다. 소리 내어 숭늉을 마신다. 마음 속 깊이 간직해온 어린 시절의 정경이 아픔과 함께 되살아난다.

집에서 하네다羽田까지 걸으면 약 한 시간 반 정도의 거리다. 어머니는 양철상자에 소 내장을 담아 자전거 뒤에 동여매어 싣고는 내다 팔았다. 손님이 있다는 입소문만 듣고 여기저기 행상을 하며 돌아다녔다. 시바우라芝浦에 있는 도살장에서 수십 키로미터도 넘는 짐을 짊어지고 전차를 갈아타며 팔 물건을 매입하는 작업은 몸집이 작은 어머니에게는 꽤 중노동이었다. 좌우 똑같은 무게의 바구니를 양어깨에 매달아 앞으로 구부린 채 균형을 맞추며 걸었다. 전차를 타서도 앉지 못한 것은 짐을 한번 어깨에서 내려놓으면 다시 짊어질 수 없기 때문이다.

내장을 사러 오는 동포는 매우 많았다. 다만 조선 여자는 셀 수 있을 정도였고 남자도 끙끙거릴 정도의 무거운 짐을 짊어지는 것도 마다않고 사는 여자는 어머니뿐이었다.

"아이고 아주머니 괜찮습니까? 이런 일 계속하다 가는 몸이 성치 않을 겁니다."

안면이 있는 동료는 어머니를 걱정했다. 아침부터 밤까지 계속 일만 하는 어머니의 몸에선 항상 땀과 피비린내 나는 내장 냄새가 났다.

배가 고파 목이 쉴 정도로 울부짖던 동생에게 젖을 물리며 선잠을 자던 어머니. 햇볕에 탄 목 언저리의 거칠어진 피부와 달리 고무공과 같이 새하얀 가슴이 땀에 젖어 빛나고 있었다. 새어 나온 젖만큼 어머니의 여성성이 시들어져 간다.

어머니는 할아버지 할머니와 함께 식탁에 둘러앉은 적이 없었다. 가마솥 아래 눌러 붙은 누룽지에 남은 밥과 뜨거운 물을 더해 나물이나 김치 등 남은 반찬으로 맨 마지막에 먹었다. 장화를 신은 채 부뚜막에 앉자 숟가락으로 솥 바닥을 긁으며 먹었다. 엷은 갈색의 탁한 숭늉은 어머니 맛이 난다.

부뚜막을 차며 들어온 아버지는 취기를 띄고 있었다. 충혈이 된 아버지의 빨간 눈은 화를 분출할 곳을 찾다 식탁에 둘러앉은 우리에게 쏠렸다. 어머니는 아이들을 감싸듯이 허둥지둥 일어났다.

"늦을 것 같아서, 아이들 먼저 밥 먹였……"

말이 끝나기도 전에 아버지의 손바닥이 날아들었다.

식탁은 엎어진 채 어린 남매들은 뺨이 붉게 부어 오른 어머니에게 매달려 흐느껴 운다. 아이들을 양 팔로 끌어안고 울지도 못하고 얻어맞은 채 한마디 말도 하지 못하는 어머니에게 화가 났다. 여동생이나 남동생처럼 어머니에게 매달려 울 수 없던 나는 "도망쳐 버리면 좋을 텐데. 나만 혼자 데리고……"

마음속으로 어머니에게 계속 말을 걸었다.

일본 생활에 익숙해질 때까지 꽤나 많은 고생을 했을 할머니는 "조선 여자는 참아야 해."라며 할머니는 자신이 겪었던 고생을 어머니에게 넘겼다. 그 뿐만 아니라 할머니는 항상 어머니를 나무랐다. 그 일이 있던 늦은 밤 집을 빠져나간 어머니의 뒤를 따라갔다. 집에서 10분정도 떨어진 부두 앞에 웅크리고 앉은 채 언제까지고 울음을 멈추지 않는 어머니. 가까이 가지도 못하고 가만히 뒷모습을 지켜보았다. 그 시절의 나는 그런 어머니의 모습을 동정과 비난의 눈으로 바라보았다. 어머니가 드시던 숭늉은 조선 여자의 맛이 난다. 한 숟가락 입에 머금은 숭늉의 약간 쓸쓸한 맛에서 부둣가의 어머니 뒷모습이 떠오른다.

3세대 10명 가족의 살림살이 여기저기서 〈조선〉이 숨 쉬고 있다. 가족관계로 칭칭 얽혀 속박 속에 살아가고 있는 어머니에게 나는 계속 반항했다. 한 걸음 내 디딜 때마다 부두에서 울던 어머니 뒷모습을 돌이켜보며 살아왔다. 그 시절 어머니를 붙잡은 것은 자식이었던 것은 아니었을까? 여자는 결혼해서 아이를 낳으면 자신의 인생을 살아갈 수 없는 것 인가? 차츰 사춘기를 벗어난 나는 어머니가 걸어온 길이 보이기 시작했다. 힘들고 괴로웠지만 무턱대고 어머니에게 거세게 덤벼들었던 나의 사춘기 시절이 사랑스럽기 그지없다.

"여자만이 참고 사는 것은 아니야. 이제부터는 자신의 삶의 방식을 찾으면 돼."

할머니의 납골함을 문지르며 누군가에게 들으라고 한 소리가 아니었다.

소리 내지 않으며 울던 그날 어머니의 독백은 어머니 자신에게 한 하소연이었을까? 아직 여자로써 살아갈 날이 남은 나에게 하는 말이었던 것일까?

내가 결혼해서 채 한 달도 안 돼서 시어머니가 48세의 젊은 나이에 암으로 돌아가셨다. 어머니는 시아버지와 시동생 네 명을 생각해서 전기밥솥을 사 주셨다. 시어머니가 없는 대신 내가 며느리를 가르쳐야 한다며 나를 엄하게 대한 시아버지는 가마솥 밥을 짓게 했다. 다섯 시에 일어나 아침을 준비하는 분주한 나날이었다. 시아버지는 가마솥 아래에 눌러 붙어 있는 누룽지로 숭늉을 만드는 나를 보고 조용히 부엌을 나가셨다. 얼마 전에 시아버지의 9주기 제사를 마쳤다. 문득 우두커니 서서 자신을 돌이켜본다. 어느새 엄마가 되어 어머니가 살아온 애달픈 삶의 전철을 밟고 있는 자신의 모습을 본다. 그런데도 어쩐지 조선 여자의 기운이 내 곁을 빠져 나가는 듯한 느낌이다. 과연 나는 지금 자신의 인생을 살고 있는가?

그릇 아래에 가라앉아 있는 누룽지를 단 번에 남김없이 마신다.

죽은 듯이 엎드려 살아온 조선 여자의 부드러운 온기를 양 손에 거머쥐며 숭늉의 쓴쓰레한 맛을 음미해 본다.

장애아동 교육을 접하면서

최호자 崔好子

언젠가 본적이 있는 삐뚤삐뚤한 손 글씨로 쓴 편지가 내 이름 앞으로 와 있는 것을 우편함에서 발견했다. 우편물 수취인 이름을 읽는 것만 해도 꽤나 고생했겠다 싶어 집배원에게 감사의 마음을 느끼며 〈최호자 선생님〉이라고 쓰인 봉투를 조심스레 집어 들었다. 벌써 고등학교 2학년이 된 도모한테서 온 편지였다. 탁음이나 촉음이 없기도 해서 읽기가 힘들지만 고등학교에 들어가 마음에 드는 아이가 생겨 괴로운 것은 금방 잊고 매일 즐겁다고 한다. 그런 도모의 편지 마지막은 언제나 "나도 현장실습 열심히 하고 있으니까 최선생님도 힘내세요."라고 격려로 매듭 짓고 있다.

우리 집 아이가 유치원에 다닐 무렵부터 나는 '허군 어머니'로 살아왔다. 아이의 학교관계나 이웃과의 교제에서 난 언제나 '허씨'성만 필요했다. 내 이름 석자 최호자는 우편함 구석에 작게 자리하고 있을 뿐 잊혀진지 오래다. 그러고 보니 수년 전에 초등학교 운영위원회 임원을 맡았을 때 가정통신문에 각반의 임원소개가 실렸다. 당연히 나의 본명이 적혀 있었지만 아이 반에서 "이런 사람이 있나", "전학생 아니야?"하며 반이 술렁거렸다. 거기서 나는 좋은 기회라고 생각하고 결혼해도 여자의 성이 바뀌지 않는 것 등 한국인의 성씨문화에 관한 이야기를 한 적이 있다.

　일을 시작하면서 학생으로부터 근황을 보고받거나 편지나 엽서에 수신인으로 나의 본명 최호자가 적혀 있다. 편지의 수신인 이름이 내 앞으로 온다는 것은 매우 보잘 것 없는 일이지만 자신의 존재를 확인하는 것 같아 너무나도 기뻤다. 그만큼 책임을 동반하는 것도 없지 않아 있지만……

　학생한테서 온 편지 두께를 보면 벌써 '선생님도 3년째……'라는 것을 실감한다. 자신이 '선생님'이라 불릴 만큼 가치있는 인간으로 성장했는지는 의문이지만 현 내에 있는 굴지의 몇몇 공립중학교의 임시지도원으로 장애자특수학급 도우미를 시작한지 3년째가 된다. 소수반을 편성해 맨투맨이 필요한 중증 정신 장애아나 자폐증 학생에게는 교사가 수업을 진행하기 쉽도록 보조하는 일은 중요한 일이다.

　전문적인 지식이 있는 것도 아니고 하물며 경험도 없던 나는 자신감만 가지고 학생과 접할 수 없었다. 이 일을 시작하면서 과연 이런 대응으로 괜찮을까 등 반성하는 일이 여러 번 있었다. 또 한 사람 한 사람 모두 다른 아이들에게 발달을 촉진하기 위해 가정과 손을 맞잡고 협력하며 현장에 종사하고 있지만 건강한 정상인이라고 하는 것만으로 이미 우위에 서 있는 것은 아닐까? 보람 있는 일이라 생각하고 애쓰고 있지만 사실은 나만의 자기만족에 지나지 않은 것은 아닐까?…… 매일 자문하기도 했다. 왜냐하면 그들은 〈배품〉과 〈위선〉을 본능적으로 느끼기 때문이다.

　장애아동들이 사회에서 자립하는 것을 목표로 그 발달에 상응한 지도를 통하여 백그라운드를 장애인에게 친화적 공간으로 만드는 것 또한 우리들의 중요한 과제이다. 이를 위해 가장 먼저 해야 하는 것이 이해하는 것이다. 매우 간단한 것 같지만 이것이 매우 어려운 일이라고 여겨진다. 내가 담당하고 있는 반에 다운 증후군의 T군이 있다. 재작년 어머니를 잃고 아버지와 한 살 위 누나와 셋이서 살고 있다. 그의 누나는 남동생의 장애를 전혀 이해하지 않고 부정하며 동생의 존재를 꺼림칙하게 생각하고 있다. 그녀는 자기 먹을 식사만 만들어서는 외출해 버린다. T군에게 간단한 조리나 빨래 등의 집안일을 할 수 있도록 기회를 봐서 생활 지도를 하고 있지만, 아무리 배가 고파도 스스로 만들려 하지 않고 아버지가 돌아와서 식사를 만들어 주기만을 매일 기다리고 있다. 형제간에 조차 장애에 대한 이해가 이렇다 보니 타인에게 이해를 바라는 자체가 어려운 현실이다. 교내에서 장애아동과 일반아동이 서로 지나칠 때 그 중에는 마치 외계인이라도 보는 듯한 눈빛의 아이, 어떻게 해야 할지 몰라 우선 멀리 떨어져서 비켜가는 아이, 그리고 전혀 안중에도 없는 무관심파의 아이 등이 있다. 그렇다고 해서 그들을 꾸짖어서도 안 된다. 그렇다고 장애아들을 특수학급이라고 하는 틀에서만 학습하는 것도 보통학급에서 통합해서 교육하는 것도 역시 무리일 것 같다. 초등학교 때 보통학급에서 반 친구로부터 바보 취급을 너무 당해 본인 스스로 완전히 자신을 잃은 채 마음이 너덜너덜하게 상처 받은 아이가 중학교에 들어가 특수학급의 느긋한 커리큘럼 안에서 배우며, 놀랄 만큼 밝은 성격으로 변해가는 모습을 볼 때마다 느끼는 바이다.

그러면 어떻게 하면 장애자를 이해하도록 할 수 있을까. 이 과제를 가지고 요 몇 년 '배려의 마음을 기르자'라는 테마로 보통학급과 특수학급의 합동수업이 이루어지고 있다. 그 수업은 주로 같이 게임이나 조리실습을 하고 있지만, 처음에는 서먹서먹했던 학생들이 횟수를 거듭함에 따라 서로 말을 걸기도 하고 즐거워하는 것을 보고 나름대로 성과를 올리고 있다고 확신하고 있다. 이와 같은 교류를 계속하는 것이 매우 중요하다고 생각한다.

그렇기에 서로 손을 마주잡고 힘내자. 부모들 사이에서는 우리 아이의 장애의 정도를 다른 아이와 비교해 "누구 보다는 괜찮은 편이야"라고 안도하는 경향이 있다. 왜 중증장애아 쪽으로 눈길이 쏠리는 걸까? 비교하며 안도하는 그 기준도 문제다. 부모는 다른 아이보다 한 자라도 많은 한자를 쓸 수 있거나 덧셈이나 뺄셈 문제를 한 문제라도 빨리 풀기를 바라는 경우가 많다. 그러나 이 아이들이 고등부에 진학해 현장실습을 나갔을 때 직장에서 가장 바라는 것은 동료와 인사를 정확하게 주고받거나 주변사람들과 의사소통이 잘 이루어지고 끈기 있게 작업에 임하는 자세라고 한다.

3년간 장애아동 교육에 종사 해온 지금 나는 그 아이들이 개구쟁이 같은 장난기를 간직한 채 그들이 가지고 있는 잠재력을 최대한 살려 사회에 적응하는 힘을 기르기를 절실한 마음으로 지도하고 있다. 그러나 〈보조교사〉라고 하는 틀을 넘어서는 안 되는 〈도우미〉라는 신분의 한계도 있다.

하지만 이 나이의 나에게 적합한 직업이라고 받아들였다. 자신의 적성도 판별하지 못했던 학창시절의 나 자신이었다. 게다가 내 학창 시절에는 〈교사〉가 되는 길조차 막혀 있어 애시 당초 포기해 버려 교직 이수를 할 노력조차도 안 했던 것을 지금에야 후회 하고 있다.

정말 폐쇄적이었던 일본사회의 〈교육〉관련 분야도 조금씩이나마 열리기 시작하고 있다. 좀 더 나아가 일본사회가 국적 조항 완전철폐 등 하루라도 빨리 실현될 것을 희망하고 있다.

아이들은 최선생님이든 김선생님이든 아무런 선입관 없이 그 인간성만 보고 접하고 의지한다. 나는 '장애자 자신이 남에게 의지 하지 않고 살아간다.'는 인식을 가지고 독립하기 직전의 너무나 짧은 기간이지만 내가 할 수 있는 테두리 내에서 생활지도를 잘하고자 한다. 학생들로부터 "시끄러운 최선생님"이라는 소리를 들으면서.

H씨의 선택

하라다미카 原田美佳

한국문화원에서 근무하다 보면 일상적으로 한국 사람들과의 교류가 많다. 그렇다고는 하지만 일본의 수도 도쿄에서 하는 일이라 당연히 그 이상으로 일본인과의 교류가 많은 것은 틀림없다. 대부분 한국과 관련된 일이고 나도 모르게(모두 한국인……) 이라는 착각에 빠질 때도 있다. 실제로 한국에 대해 험한 말이라도 하면 "우리나라를 모욕했다."라고 분개하는 한국인이 나의 주변에도 있다. 한국을 좋아하는 사람들에게 둘러싸여 있으면 평균적인 일본인 감각과는 동떨어질 가능성에 늘 노출되어 있는 나 자신이다.

재일한국인 2세인 H씨와 내가 처음 만난 것은 그런 사람들이 모이는 곳이었다. 당시 그녀는 한국계의 신문사 기자였고 일 이외에도 개인적으로 친숙해 질 수 있었다. 특히 일본에서 태어난 재일한국인이라는 미묘한 입장에 처해있지만 오히려 배울 게 많았다. 다시 말하자면 일본과 한국 사이에서 그녀가 발휘하는 밸런스 감각은 언제나 균형을 잡고 있다. 그리고 나의 일과 관련해서도 많은 것을 배운 적이 한두 번이 아니다.

그녀는 일을 처리 할 때는 언제나 대단한 능력자로 매력적이기까지 했다. 그것은 때로는 국적을 초월한 언행이었고 때로는 이상하다고 여겨질 정도로 국적에 매달렸다. 아니 정확히는 부모님으로부터 이어받은 자신의 체내에 흐르는 피에 대한 집착인지도 모른다. 그런 그녀는 재일한국인 친구로서 나에게 여러 가지 경험을 하게 해 주었다. 희노애락의 감정표현의 솔직함과 상대를 배려하는 세심함과 상냥함 등 많은 것을 느낄 수 있었다. 그 중에서도 그녀의 아버지께서 돌아가신 상가 집을 찾았을 때 깊은 슬픔만큼 강한 인상을 느꼈다. 사진속의 그녀의 돌아가신 아버님의 상냥한 시선은 지금도 잊을 수가 없다. 상중이었지만 어느 날 그녀는 수줍어하면서 사귀고 있는 상대가 있다고 털어 놓았다. 그 이야기를 듣자 마자 상대방의 국적이 궁금했던 나는 어떤 의미로 불순했다고 할 수 있다. 한국과 일본의 문화교류 추진에 펜의 힘을 발휘해온 그녀가 인생 최고의 파트너로 고른 이는 외국인 등록증을 지니고 있지 않은 사람이었다. 웃는 얼굴상을 한 포근한 그 남성은 때로는 대단한 에너지를 발휘하는 그녀를 한국여성의 파워라고 돌려 말하지만 물론 감당 못 할 정도는 아니었다. 올해 황금연휴 기간에 하루 날을 잡아 두 사람의 스위트홈을 처음으로 방문했다. 식탁에는 계절 산채를 시작으로 옅은 맛의 일본풍 메뉴가 계속해서 등장했다. 향이 강한 것을 피하는 나의 미각을 최대한 존중하여 준비한 것이었다. 차츰 자리가 무르익어 감에 따라 김치가 등장하고 매실 장아찌가 모습을 드러내며 각각 위화감 없이 그릇 사이에 자리를 차지하고 늘어섰다.

처음에 정한 "일본식으로 하자"라든 이 날 메뉴의 컨셉은 무너지고 두 사람의 일상생활에서 생겨난 독창적인 메뉴로 흐름이 변해 버렸다. 그리고 나도 일본 식재료에 한국풍의 간을 시도해 보는 등 식생활의 지혜에 관심을 기울이게 되었다. 실제로 자란 환경이 사람에게 미치는 무수히 많은 영향중에서 가장 큰 영향을 미치는 것이 미각이라 생각한다. 비록 사랑하는 두 사람이라고 하지만 미각이나 기호가 반드시 일치한다는 확증이 없다고 한다면 이문화간(異文化間)의 커플 탄생에 있어 이 부분은 꽤 중요한 과제일지도 모른다고 막연히 생각했다.

"일본 메밀국수를 먹을 때 남편은 김치를 못 먹게 해요. 아아, 국제결혼의 위험이 빨리도 찾아왔어요."

그렇게 말하며 넘기는 그녀의 얼굴에서 말로만 그렇지 실상은 그렇지 않다는 행복에 겨운 표정이다. 아아! 부부의 행복은 여성에게 주어진 특권임을 사무치게 느낀 날이었다.

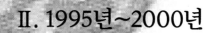

Ⅱ. 1995년~2000년

치마저고리

박경미 ばくきょんみ

학교를 졸업하고 그림 동화책을 만드는 작은 출판사에 편집 견습생으로 근무한 적이 있다. 어릴 적부터 문자나 그림을 좋아해서 그런지 어떤 일도 힘들지 않았다. 학창시절 공부와 달리 몸으로 익히면서 실감나게 공부하는 게 활기차고 능률도 올랐다. 그래서인지 세상의 바람을 누비며 살아가는 해방감 같은 것을 느꼈다. 그런데 일하러 가는 나에게 난색을 표하고 눈썹 사이에 주름을 잡아가며 중얼거리는 어머니의 말은 꽤나 무겁게 마음속을 울렸지만 바람 속을 걷고 있으면 발걸음은 한결 가벼워진다. 책을 만들어가는 작업은 마지막까지 세심한 주의가 필요하다. 우선 저자에게 의뢰하는 것도 막무가내 주문하는 것이 아니다. 작품이력을 고려하면서 부탁하고 테마를 정한다. 원고 의뢰부터 시작되는 편집자의 감각, 타이밍과 호흡 여하에 따라 원고의 내용이나 인쇄물이 완성되어 간다. 그 과정을 통해 실제로 여러 장면과 마주하며 생생히 보고 듣는다. 예를 들면 책을 읽을 때 당연하게 생각했던 문자 하나하나는 눈으로 꼼꼼히 확인하는 교정과정을 거쳐야만 제대로 된 책으로 태어난다. 또 채소가게의 장면이 그려져 있는 야채 하나하나가 동화책의 계절이나 배경과 위화감이 있는지 없는지 적합한 색과 모양인지, 이 시금치는 아이들이 바로 알아볼 수 없는 것은 아닐까? 겨울철 가게인데 토마토가 산처럼 쌓여 있는 것은 이상하지 않을까? 등 교정하는 눈에는 언제나 유연한 상상력과 사고력이 뒷받침되어야 만 했다. 그 중에서도 화보(잡지 등의 비주얼계 전반) 제작의 경우 원화 레이아웃 (화면에서의 그림과 글의 구성) 색교정 과정에는 디자이너가 관여하는 경우가 많아 그 과정이야말로 편집자의 리더쉽이 시험대에 오른다. 이러한 화면으로 하고자 한다. 이러한 화보로 하고 싶다는 등의 기대는 언제나 수정된다. 결국 원화의 운명은 인쇄 과정을 통해 세상에 알려지게 되는 것이므로 그 운명의 열쇠를 쥔 편집자의 책임은 무겁고 또한 그 책임은 언제까지고 끝없이 계속된다. 학교를 갓 졸업한 사회 초년생 여사원에게 매일 새로운 상황이 벌어지는 신선한 발견(이라기보다는 놀라움 전율?)으로 가득한 시간은 눈 깜짝할 사이에 지나갔다. 작가 기획사 본사의 과장(감시역) 그래픽 디자이너 인쇄소의 영업사원 등과의 아주 작은 자투리 논쟁을 맛보면서 방대한 잡무의 축적으로 집대성되는 책 편집을 접해 본 것이다.

첫째도 체력 둘째도 체력으로 원화나 교정쇄가 들어간 큰 일감을 안고서 온종일 짐 나르는 운반꾼이 되는 일도 많았다. 세상의 바람을 맞으며 해방감에 취해 있는 동안 시간은 금새 지나가 버려 오히려 지금부터 맞이할 세상의 바람을 어떻게 헤쳐 나가야 할지 몰라 넘어질 듯 넘어질 듯 오뚜이가 된 듯한 기분이 든다.

나는 대체로 맞대응하는 미음이 상한 것 같다. (이제야 서서히 느끼는 일이다) 학생 때부터 본명을 사용했고 일을 시작할 때도 극히 자연스럽게 사

용했다. 사회인인 상대방들도 여러가지 배경을 가졌기 때문에 전화를 한 이
쪽에서 "박 입니다만"하고 이름을 말하면 저 쪽은 "에?"하는 반응에 민감
하게 반응하는 자신의 오랜 습관에 몇 번이나 당황한 적이 있다. "한국 이
름이에요. 소박의 박이라는 글자입니다만"애서 확실히 말하려고 하다가 자
신 안에 확고하지 않는 것을 억지로 밀어붙이는 것 같아 뒷맛이 혀에 남는
다. 그 뒤 쓴맛으로 이어지는 회화는 야키니쿠나 김치로 시작해 친근감을
보이면서 한국이나 조선 등으로 진전된 이야기까지 받아주는 상대역을 매
번 연기 해야만 했다. 그러면서 점점 알게 된 것은 그러한 상대를 꺼리지 않
는 일본인이 많았고 의외로 다양했다. 〈재일〉의 문제 즉 재일한국인·조선
인의 문제를 어떤 형태로든 일본인 자신과 관련된 문제로 의식하고 있다는
것. 그것이 머리 속에 메모 되어 있다가 지금 이 순간 그 일을 떠올려 본다
는 것이다.

　편집 회사에 근무한지 일 년 정도 지났을까. 그날도 부랴부랴 교정쇄가
담긴 큰 가방을 안고 신주쿠역의 지하도를 걸어가던 도중이었던 것 같다.
거의 매일 반복되는 어머니의 위로의 말은 일본 회사의 한 구석에서 일하고
있는 나를 향한 위로와 격려의 역표현이라는 것을 조금씩 느끼게 된다. 그
러면서 나는 또 다른 표현을 마음속으로 기다리고 있었는지도 모른다.

　　그곳에서 치마가 나부끼는 것을 느꼈다.
　　(치마저고리를 입은 사람이 있다)
　　사람들이 그저 혼잡하게 오가는

신주쿠 지하도 음산한 공간에
치마가 크게 숨을 들이키며 부풀어 올랐다
눈 깜작할 사이의 순간을 나는 바라보았고
잠시나마 나는 발을 멈추고
혼잡 속을
시원스럽게 빠져나가는
여인의 옆얼굴을 지켜보았다.

십대 끝자락에 시적 표현에 끌려 자그마한 시집을 엮은 일도 있었지만 그 표현양식에 전력을 다하는 것 만으로는 이유도 없이 만족할 수 없었다. 학창시절 〈사상의 과학〉에 글을 연재하자 재일한국인 아이덴티티만으로는 팔리지 않는다는 것을 일찌감치 알았고, 글쟁이의 앞날이 막막한 것은 알면 알수록 초조해질 따름이었다.

농짙은 감색의
치마저고리
새하얀 동정 깃은
목덜미를 보일듯 말듯
가슴 언저리에
치마저고리가 호흡을 고르고
요동친다
뜀박질치며
고름이 풀리고

흘러내리고

녹아내린다

따뜻하게 타 들어 가는 심지처럼

그리운 내음이 아름답다

그 눈빛 가득 머금은 마음

무척 짧은 찰나처럼

무척 긴 순간처럼

왠지 그런 상념이

　말로 표현할 수 없는 것일수록 말에 이끌린 사람은 언제나 으스러져버릴 것 같다. 그것을 바꿔 말하면 어린 시절부터 집에서 나눈 대화 싸움 한숨 탄식 등등에서 느끼는 어감과 풍기는 내음까지 한국어로 구사하는 것을 보고 듣고 살아온 내가 일본어로 나타낼 수 있을까? 일본어로 표현할 수 있기를 바라는 꿈으로 가슴이 찢어지도록 벅찼다.

　　나는 조선옷이라고 쓰인 글을 보는 것만으로도 화가 났다

　　치마저고리를 멋있다고 하는 일본인이 역겨웠다

　　나는 치마저고리 모습의 할머니와 함께 걷지 않았다

　신주쿠에서 치마저고리를 입은 여자는 한 차례 일고 지나가는 바람이었다. 자연스럽고 태연한 자태의 걸음걸이에 이처럼 동요된 나 자신이 너무 궁금해지지 않을 수 없었다. 어머니의 치마저고리 할머니의 치마저고리 지금까

지 기억하고 있는 주머니로부터 뜨거운 뭔가가 흘러 넘쳐 내 몸 속을 휘젓
는 듯했다.

농짙은 감색
치마저고리를
꽤나 긴 시간동안
흥미로운 듯이 입을 떡 벌리고
당신은 언제나 나야

「치마저고리를」시로 짓고 나서 나는 신주쿠의 편집 프로덕션을 그만두고
다음 출판사에서 근무하기 시작했다. 한국 전통음악이나 무용을 통해 또
하나의 표현을 모색하기 시작했을 무렵이었다. 그로부터 십 년 후에 가야금
선생님이신 지성자 선생님께서 바로 그때의 짙은 감색 치마저고리의 주인공
이었다는 사실을 어느 이야기를 통해 알게 되었을 때, 나는 말로 형언 할
수 없는 소중한 것을 또 하나 표현하게 된 것을 확신 했다.

더블 만세

야마시타영애山下英愛

　"아버지 나라의 문화와 사회를 알자", "한국 여성사를 공부하자"이 두 목적(구실?)을 안고 한국에 온 지 벌써 7년이 된다. 지난 세월은 눈 깜박할 사이에 지났으며 많은 일들이 있었다. 그 중에 하나가 나를 부르는 호칭이 어느새 '아가씨'에서 '아줌마'로 바뀐 것도 세월의 흐름은 어쩔 수 없다는 것을 실감하는 에피소드 중의 하나다.

　나의 한국 체류 생활을 설명하면 표면적으로 이화여자대학교 여성학과 석사과정을 마치고 그때 마침 신설된 같은 학과 박사과정에 입학(나를 한국에서 더욱 연구에 매진하도록 설치한 과로 여겨짐)해 6년째 접어들었다. 대학생활 보다 훨씬 귀중한 경험임에는 틀림없다.

　여러 경험 중에서도 〈한국정신대문제대책협의회〉〈정신대연구회〉에서 유학초기부터 시작한 활동은 지금까지 계속하고 있다. 그리고 작년 9월부터 모대학에서 일본어회화와 작문을 가르치기 시작했다. 그러자 어머니께서 이제야 '직장인'이 되었다며 안도하셨다.

　3년간 유학할 예정이었지만 일 년 연장에 또 일 년을 연장하자 "이제 그만 돌아와"하며 입버릇처럼 말씀하시던 어머니도 내가 직장을 갖고 급여를 받게 되자 너무 기쁜 나머지 돌아오라는 말을 잊은 듯했다. 그것도 잠깐 "이제는 일본에서 자리잡아"라며 재촉하시는 게 새로운 입버릇이 되었다. 누가 뭐라 해도 나의 유학 목적은 오직 하나 "아버지 나라의 문화와 사회를 알자"였다. 이것은 곧 나의 아이덴티티의 문제이기도 하고, 이 문제는 일본 남한 북한 세 나라에 걸친 문제이기도 하지만 우선 한국에 가보자고 결심했다. 막상 한국에 와 보니 아이덴티티와 관련된 것들은 여기저기 늘려 있었다. 무엇보다 나를 향한 한국인의 언동은 나의 나약한 아이덴티티에 귀싸대기를 왕복으로 가차 없이 가했다.

예를 들면 정대협에서도 "여기서 활동하려면 성을 한국식으로 바꾸는 게 좋다"고 하였고, 또 어떤 때는 "넌 한국인의 마음을 몰라"라는 말을 들었다. 실은 오늘도 〈광복50주년 기념대회〉가 있어 여성노동 정신대문제의 토론자로 참가했지만, 청중 중에서 "이런 학술대회에 일본인을 참가 시켜서는 안 된다"고 발언 하는 이가 있었다. 이 발언에 대해 한국 쪽 반론이 있어 그나마 평정되었다. 이럴 때 이성적으로는 "이런 발언을 있는 그대로 받아 들여야지" 생각하고 차분히 참는다. 이럴 때는 어김없이 이런 발언으로 쇼크를 받지는 않았는지 염려해주는 분이 있어 "괜찮아요"라고 인사치레는 하지만, 역시 내 마음은 구멍이 뻥 뚫린 듯이 아팠다.

또 한편에서는 가부장 제도를 항상 비판하는 여성 연구자 중에는 "아버지가 한국인이면 당신도 한국인이다"라는 말을 아무런 모순도 못 느끼듯 이야기 한다. 최근에는 "엉애씨도 한국사람 다 됐다"며 칭찬 아닌 칭찬을 받기도 한다. 어찌됐던 남성혈통중심의 민족주의가 뿌리 깊은 한국에서 꽤나

"세뇌"를 받았다고 할까. 그 결과 한국과 일본 사이에서 나의 아이덴티티 문제는 간단히 해결할 수 없다는 것을 몸소 체험하게 되었다. 드디어 나도 태도를 바꿔 자기방어를 하게 되었다. 유학가기 전에는 자기소개를 할 때 이름에 관해 이것저것 설명하던 것을 지금은 아무 말 하지 않는다. 태만해진 증거인지 모르지만 꽤나 신경 쓰이고 귀찮다. 차츰 시간이 지나면서 "타인이 어떻게 생각하든 상관없다"고 굳게 마음을 고쳐먹었다. "일본인?"이냐고 물으면 "국적은 일본입니다"라고 대답한다. 국적이 일본이라고 하면 더욱 이상한지 캐묻는다. 귀찮은 마음에 "마음대로 생각하세요."라고 혼자말로 중얼거리고 만다. "그게 무슨 뜻이죠?", "어떻게 일본사람이 아니죠."하며 꼬치꼬치 물어온다. 그러면 곤란하고 귀찮아도 다시 출생을 설명한다. 대부분의 사람은 "아버지가 한국인"이라고 하면 납득한다. 일본사람이라고 하면 "귀화하셨어요."하며 마음대로 생각해 버리는 경우가 많다. 그기에 "그렇지 않아요"라고 대답하면 이것저것 설명할 수밖에 없다. 처음만난 사람과 이런 국적 등을 말하는데 시간을 반은 쓴다. (나는 나의 아이덴티티를 설명하기 위해 인생의 귀중한 시간을 많이 낭비하고 있다고요!)

그러던 중 2년 전 서울에서 만난 20대의 젊은 재일한국인 학생 최군으로부터 배운 게 하나 있다. 초면에 자기소개를 할 때 "나는 야마시타영애입니다"라고 소개하자 "아 더블이군요."라며 아무렇지도 않게 받아주며 "요즘 그런 사람 많아요. 그런 사람을 더블이라고 해요"한다. 듣자마자 그 말이 마음에 들어버린 나는 그 이후부터 필요하다 싶으면 "더블입니다"라고 덧붙이게 되었다.

영어로는 통하지 않는 말이지만 한국인이나 일본인이라면 아무튼 통할 것 같다. 〈half blood〉의 하프라는 개념으로는 나의 존재를 표현하기 어려웠는데 더블은 바로 친숙해 졌다.

그 이유는 내가 아줌마가 되어 욕심쟁이가 된 것도 한 몫하고 있는 것 같다. 내가 한국에 오기로 한 것도 말이든 문화든 내 안에 있는 일본에 한국을 플러스하고 싶었기 때문이다. 맞아 1+1=2이지 1+1=0.5가 아니기 때문이다.

'피'라고 하는 것

윤조자 尹照子

나의 남편은 일본인이다. 우리가 결혼하려고 할 때 그의 부모님께서 맹렬히 반대하며 "조상 대대로 이어져내려 온 집안의 대가 끊기고 말아"라고 하던 말을 잊을 수 없다.

일본 집안에 조선인의 피가 섞이는 것은 "피를 더럽히는 것"과 같은 것이다.

부락차별 장애자차별을 내세우며 천황가문을 고귀한 혈통이라며 피라미드형의 우생사상優生思想이 지금도 사람들의 마음속에 계승되어 오고 있다. 일본의 조선지배 이후 민족 차별을 가능하게 한 것 중 하나는 '피'의 논리에 있다. 조선민족에게 '열등민족'이라는 꼬리표를 붙인 다음 그 증거를 갖다 붙이기 위해 민족의 역사 문화 모든 것을 일본에 의해 자의적으로 바꿔버렸다.

유대인 대학살을 한 나치사상의 핵심은 우생사상이었다. 일본도 이와 마찬가지로 '피'에 의해 정당화시켰던 것이다. 그럼에도 불구하고 차별의 근거로 삼아 온 혈통주의 사상은 동포사회도 마찬가지로 얽매여 있지는 않은지 의문스럽다.

나는 한국인 아버지와 일본인 어머니를 둔 제일교포 3세다. 나의 몸에 흐르는 조선인의 피와 일본인의 피를 눈으로 본 적이 없다. 더군다나 나누는 것은 더욱 할 수 없다. 예전에 나는 보이지 않는 이 '피'에게 부르짖었다. "알려줘, 나는 조선인인 거야 일본인인 거야"하며.

일본인의 눈으로 보면 조선인의 피가 한 방울이라도 들어가 있으면 그건 조선인인 것이다. 진정한 일본인이 될 수는 없는 것이다.

또한 제일동포 사회에도 마찬가지로 혈통주의를 고집하며 멀리하고 배신자 취급 받는다. 민족성을 '피'로 판단하는 것은 제일동포 사회에서도 뿌리 깊은 혈통주의다. 일본인과의 국제결혼으로 태어난 나는 몇 번이나 상처받으며 살아왔다. 어느 동포가 "뭐? 혼혈 문제? 성가셔. 피를 뽑아버려"라 한다. 문자 그대로 피가 얼어붙는 듯한 느낌이었다.

한편 재일 한국인 작가 다치하라마사아키立原正秋의 대표작『검곳劍ヶ崎』에서 한일 혼혈의 주인공에게 "혼혈은 죄악이다"고 말하고 있듯이 같은 취지의 말을 다른 어느 동포한테서도 들은 적이 있다.

애초에 혼혈이라는 용어는 금기어 수준이다. 순수한 것은 좋은 것이고 혼합은 좋지 않다는 부정적인 선입관이 있다.

'하프'는 반쪽의 의미만 있고 일본인의 혈통만을 수에 포함하고 있다. '하프'에 대한 반발로 우리들은 우선 '더블'로 부르기 운동을 하고 있다.

'섞은 것' 즉 혼혈은 가능성을 넓히는 것이다. 일방적이지 않고 양쪽을 다 살리는 플러스적 사고에 당사자도 주변도 전환해가고 싶다는 간절함이 담겨 있다. 혈통주의의 주장은 너희들 "좋은 피", "나쁜 피"로 구분 짓는 차별 관념을 낳는다. 어느 일본인 친구가 "나쁜 피를 남기고 싶지 않아 아이를 갖지 않아"라고 말한 적이 있다. 그의 아버지는 731부대에서 살아 남았다. 역사의 진실을 아는 그는 침략전쟁 때 손을 더럽힌 아버지를 부정하고 그 피를 이어받은 자기도 부정하며 한 말이다. 일본인의 속죄의식에 바탕을 둔 '나쁜 피는 남기지 않아'라는 말은 참을 수 없다. '나쁜 피'가 전쟁을 일으킨 게 아니야 있을 수도 없어 '좋은 피', '나쁜 피'에 인생을 농락하지 않길 바래. 피차별 부락 출신자에 대한 차별이나 장애자에 대한 차별도 근거 없는 '나쁜 피'에 대한 공포에서 오는 것이라 하겠다. '어떤 피인가'가 아니고 '어떻게 살아갈 것인가?'가 문제인 것이지. 중요한 것은 각자 살아가는 자세에 딸렸다. 하지만 비유적으로 '민족의 피가 끓는다'는 감정적 표현이 있다. 논리적이지 않고 몸이 안절부절 못하며 앉지도 서지도 못할 정도로 이끌리는 것이 있다. 예를 들면 나는 장구소리 리듬이 그렇다. 좀처럼 실력이 늘지 않지만 완전히 빠져 있다. 무엇이 그렇게 하는 것일까? '피'라고 하는 단어가 떠오른다. 하지만 무턱대고 피에 연결시켜도 괜찮을까?

내가 민족문화에 집착하는 것은 나는 한국인이라는 것을 표현할 수 있는 삶의 방법을 찾고 싶어 하는 인간으로서 욕구이지 않을까? 많은 재일 한국인은 (과거 나도 그랬듯이) 자기 자신과 만나 자신을 나타낼 수가 없어 계속 헤맨다. 한국인이라는 것이 마이너스라고 느끼며 살아 왔기 때문에 자기의 '피' 즉 생명을 사랑하지 않았기 때문이다. 그런 와중에 아름다운 문화를 접하면서 전신의 피가 끓어오르는 듯한 충돌과 우리에게 우리들의 문화가 있었지 하며 자부심을 체험한 사람이 많이 있을 것이다. 얼굴도 말도 때로는 이름도 일본 사람과 같은 데 "어디가 한국인인가?"하고 반문하면 작아져 버리는 나이지만 "나는 투지의 한국인이다"고 외치면 감정이 북받쳐 오른다.

내 제자 중에 민족의상 치마저고리를 입고 "나는 한국인이야"하며 뛰어다닌 학생이 있다. 처음으로 알게 된 자기의 한글 이름을 몇 번이고 연습하며 "정말 이 이름을 써도 되냐?"고 묻고는 귀화한 아이도 있다. 한편 한국인인 것을 나타내는 것은 이름 밖에 없다고 하며 본명을 밝히고 쓰는 것을 자랑스럽게 여기며 중학교 2학년이 되어 본명으로 바꾸는 아이도 있다.

나는 일본 공립초등학교에 근무하면서 대부분의 재일 한국인 어린이가 일본 이름으로 일본인과 섞여 숨어 지내면서도 민족문화와 접하면 화색이 돌고 빛을 발하며 주체 할 수 없는 표정을 짓는 모습을 본다. 그 순간만큼은 자신의 생명과 만나는 기쁨이라고 생각된다.

부헨발트를 방문하고

박성희朴聖姬

　십대 때라고 기억한다. 아우슈비츠 강제수용소의 발자취를 한번 방문 해보고 싶다고 졸랐다. 1974년 유엔세계 민주여성회의가 있어 폴란드 에브란스어 통역을 맡아 수행했을 때 그 찬스가 왔다고 마음속으로 은근히 기대했지만 실현되지 않았다.

　중학교 1학년 때 『안네의 일기』에 깊게 감명을 받고 지금까지 유대인 문제는 나에게 있어 가장 큰 관심거리가 되었다. 그 이유 중 하나가 아버지가 조선인이라는 것도 있지만 솔직히 말해 "무서운 것을 보았기"때문이라고 하겠다. 그리고 작년 4월까지 3년간 나는 남편의 독일 플랑크플루트 근무로 외국주재원 생활을 했다. 그 동안 20여 개국에 달하는 나라를 여행했다. 물론 구동독도 방문했다. 어느 여름 바이마르시를 여행했을 때 그 교외의 부헨발트에 나치의 강제 수용소 흔적이 있는 것을 알고 남편과 함께 방문을 결행했다.

　바이마르는 괴테나 시라로 알려진 대로 역사와 문화의 냄새가 나는 차분한 분위기의 거리였다. 중심부에서 북서로 15분정도 차로 달려 부헨발트 방향 이정표를 따라 좌회전을 하자 오솔길이 나타났다. 좌우가 너도밤나무 숲으로 둘러싸여 일직선으로 이어져 있었다. 여름철인데도 쥐죽은 듯이 한적한 길을 운전하는 남편도 숨죽였다.

나는 그때 난생처음 강제 수용소라는 것을 보게 되었다. 약60년 전 이 길을 강제 연행하는 호송차에 실린 25만 명의 유대인들은 수용소 입구까지 무슨 생각을 하고 갔을까? 단 3분정도 지나는 오솔길은 나의 몸을 시시각각 경직시켰다. 아우슈비츠 입구의 철로 된 격자 문에 기록되어 있는 그 유명한[ARBEIT MACHT FREI](노동하면 자유롭게 된다)의 표어와 같이 부헨발트 문에는 "각자에게 맞는 양 만큼 주자"는 독일어가 투각기법으로 새겨져 있었다.

나치시대의 유대인 사냥을 테마로 한 영화라면 거의 다 봐온 나는 영화 장면과 거의 겹치는 광경을 현장에서 목격했다.

영하10도 이하의 한겨울에 광장에서 전라(全裸)로 점호를 받은 유대인들은 여름에도 찬바람이 불 듯 황량한 구역에 살며 인간의 지옥 그림을 그렸다. 그들의 침실로 이용한 판잣집을 굳이 재현하여 전시장으로 옮기는 바람에 그 대부분은 부서져 있지만 시체 소각장인 〈위생검사〉라고 부르던 곳은 신장 측정기에 사람을 세워놓고 머리 뒤편에서 총으로 쏘기 위한 작은 둥근 구멍까지도 남겨져 있다. 그 측정기 발밑에 나뒹구는 피를 씻어 내기 위한 호스, 지나칠 정도로 청결한 인체 실험실 등이 나의 시야에 잇달아 전개되었다. 광장에 보존되어 있는 밧줄에 대롱대롱 매달린 채 있는 교수형틀. 수용자들이 그린 수십 여 점의 공포스러운 인간상. 글을 쓰기 위해 기억을 더듬는 지금도 나의 가슴과 전신이 공포에 반응하고 있다.

견학 온 사람 상당수는 독일인 같았다. 초·중학생을 동반한 가족도 있었다. 견학을 끝낸 사람들은 누구나 말이 없었다. 긴장을 풀려고 무엇인가 말을 하려고 해도 말이 나오지 않았다. 한시라도 빨리 온 길을 되돌아 독일 여름의 온화하고 우아한 우리의 휴가시간으로 돌아가고 싶었다. 돌아가는 길에 일본인 남편의 말에 나는 감동했다. "일본도 히로시마의 원폭 피해자의 역사만 남겨서는 안돼. 가해자 역사의 흔적을 일본국내에 남겨야 하고 대부분의 일본인이 그곳을 방문해야 한다"며 한마디 했다.

독일에서 3년간 지내면서 독일인이 나치 시대의 잘못을 두 번 다시 반복하지 않으려 얼마나 노력하고 있는지 느꼈다. 그것은 국가적 국민적 결의의 표현이라고 생각되었다.

예를 들면 과장이 아니고 텔레비전에서 매일같이 나치 시대의 검증이나 토론 그리고 일반인들의 괴로웠던 회고담을 밤낮 가리지 않고 여러 형태로 프로그램을 통해 다루어지고 있었다.

일본에서는 〈종전기념일〉의 전후에나 만들어졌을 법한 프로그램이다. 『슈피겔』(인테리층을 위한 고급주간지)에도 페이지를 대충 훑어보아도 알 수 있을 정도로 당시의 사진이 들어있는 기사는 항상 눈에 띄었다. 모두가 주지하는 바와 같이 아직도 원래 나치였던 전범의 추적은 계속되고 있다.

내가 알기로는 양식 있는 독일 사람들은 나치시대를 창피하게 여긴 나머지 그에 부합한 보상은 언제까지고 해야한다고 내심 생각하고 있는 것을 느꼈다.

독일과 비교해보면 일본 교과서 문제의 애매성, 침략인지 진출인지 하는 저차원의 논쟁, 종군위안부(나는 이렇게 표현하는 방법에 생리적 혐오감이 사라지지 않는다)인가? 강제인가? 임의인가? 하는 논점의 속임수는 언제까지 계속되는 걸까? 지금까지 자기평가를 확고히 할 수 없는 용기의 결여가 일본의 최대의 결점은 아닐까?

독일의 의연한 자기 심판은 '죄는 죄로 갚는다는 기독교적 절대관이 있기 때문이다'고 말하고 있다. 덧붙여 말할 수 있는 것은 교육현장에서 부모들이 남긴 역사를 직시하게 하고 자신의 의지에 의해 판단하는 자기책임의 본연의 자세를 엄격히 훈련하고 있기 때문일 것이다.

일본의 교육은 아직도 획일성을 우선시하고 그것이 또 다시 파시즘 사회로 향한 위험성으로 연결되는 것을 두려워해야 하는 것을 잊고 있다.

과거를 없었던 것으로 하면 반드시 보복으로 되돌아오는 것이 우주의 섭리이다. 침략의 상징인 조선 총독부는 붕괴되었지만 설령 일본의 황거 앞 광장에 그 건물을 전부 이축할 정도의 용기가 이제 일본인한테서 나와도 되지 않을까?

스스로 과거사에 대한 직시와 통찰, 명쾌한 용기가 일본에 조금이라도 있다면 나는 일본인을 더욱더 존경하고 더욱더 좋아하게 될 것이다.

조카 결혼식

박재영 朴才暎

부모님 슬하에 아들 한 명 딸 여섯 명 손자 열여덟 명의 자손이 있다.

자식양육과 교육에 민족주의 기질이 강한 영향으로 자식들 배우자를 모두 한국인으로 맞이했다. 우리도 그것이 당연하다고 여기고 컸다. 하지만 1999년 현재 주변을 둘러보면 한국인끼리 결혼은 오히려 찾아보기 힘들 정도이다. 현재 64만 여명의 재일 한국인 중에 80%가 일본인과 결혼하는 것이 보통이다.

자식 일곱 명중 두 명은 부모님의 민족주의를 그대로 이어받았으며 한 명은 어느 정도만 받아들이고 두 명은 어쩔 수 없이 받아들이고 두 명은 알게 모르게 빠져 나갔고 3세 손자들은 모두 다르다. 열여덟 명 중 열두 명은 모국어를 할 수 있지만 여섯은 못한다. 이 열두 명은 한국인과 교제하고 있으나 일본어만 구사하는 여섯 명의 손자는 당연히 일본인 사회에서만 성장했다. 일본에서 살아갈 것을 염두에 둔 부모 뜻에 따라 손자 중에 일본이름을 쓰는 손자가 네 명이다. 네 명중 세 명은 한국어를 배우고 한국요리를 좋아해 한국인 친구가 있으며 가끔 일본 명을 사용한다. 주의주장과 관계 없이 자연스럽게 한국을 접하고 있다. 한편 반신반의하며 민족주의를 받아들인 오빠의 네 자녀는 모국어는 못하면서 한국이름 하나만 사용하고 있어 다른 기호로 자기를 나타낼 길이 없다. 일본에서 한국 이름만으로 일상생활을 할 경우 불편한 점이 많다. 한국이나 중국에서는 남녀모두 일생동안 이름 하나로 죽을 때까지 살아간다. 〈가구야히메: 예쁜여자아이〉와 같은 예쁜 이름을 가진 조모 차월천車月天이 차월천으로 결혼하면 생애를 차월천으로 마감한다. 모든 엄마가 그렇고 나 박재영도 그렇다.

"부모가 누구인지 보고 싶다"고 말하는 이가 있다. 아이를 보면 부모를 알 수 있고 부모의 삶을 보면 아이의 앞날을 알 수 있다고 하는 그 말은 누구나 납득한다. 같은 부모 아래서 태어나 자라면서 공통의 자양을 갖고 있다는 것을 형제자매가 많아 일상에서 실감한다. 하지만 각각 자질이나 가치관이 만들어지고 성장하면서 크게 달라지며 각자의 길을 가는 것 또한 보고 있다. 일본인과 결혼하는 것을 심하다고 할 정도로 경계한 아버지 손자 중에서 일본인이 등장하게 되었다. 언니 딸 임정숙이다.

이웃과의 관계 학교생활 등 일본에서의 삶의 방식 등을 심사숙고한 언니 부부는 그녀에게 〈도시코〉라고 이름을 하나 짓고 그 이름에 걸 맞는 일본명 하야시다林田 성을 준비했다. 조카를 부를 때 때로는 정숙이로 때로는 도시코로 부른다. 오늘 조카의 결혼식 초대장이 왔다.

신랑 노가미 요이치로

신부 하야시다 토시코

일본인과 결혼하는 조카는 부부 별성이 아니라 남편의 성을 따라 노가미 토시코가 된다.

어릴 때부터 정숙이라는 이름을 사랑하고 불려왔으며 여러 추억을 담아온 조카가 오늘 하야시다토시코로 이 세상에 존재를 드러내고 더욱이 나도 모르는 노가미를 누구보다도 소중한 반려자로 선택해 상상조차 해 본적이 없는 〈노가미 토시코〉라는 이름으로 세상에 나간다. 임정숙에서 하야시다토시코로 하야시토시코에서 노가미토시코로 바뀐다.

조카는 그 이름의 변천과 함께 한국인임을 버리고 딸에서 아내가 되어 한국인 딸로는 돌 아 올 수가 없다. 청첩장을 받는 순간 수많은 것을 버리고 결혼에 모든 것을 걸어야 하는 여자만이 느끼는 아픔 등 이런저런 복잡한 생각에 눈시울이 뜨거워지는 이 이모의 감정은 억누를 수가 없다.

"노가미 토시코 행복해야 돼"

BC급 전범이었던 시아버지

정리혜자 鄭理惠子

뜨거운 햇살 아래 올해도 무궁화가 아름답게 피었습니다. 시아버지가 매우 좋아했던 무궁화를 바라보고 있으면 그 날의 일들이 머릿속을 스쳐갑니다. 시아버지의 장례식 날 태극기와 정원에 피어 있던 하얀 무궁화 가지를 꺾어 관에 넣었습니다. 그것은 고향 땅으로 돌아갈 수 없었던 시아버지에 대한 최소한의 성의였습니다. 시아버지는 광복을 맞이한 직후 BC급 전범으로 붙잡힌 몸이 되어 10년 이상 형무소에 구속 되어 있다가 스가모 교도소를 거쳐 석방 되었습니다. 그 후 BC급 전범의 억울함을 호소하고 일본정부를 상대로 사죄와 보상을 받기 위한 운동을 계속했지만 1991년 8월 억울함을 남기고 이 세상을 떠났습니다. 향년 67세였습니다.

조선이 일본의 패전으로 해방의 기쁨으로 넘칠 때 일본군이 점령하고 있던 아시아 각지의 군사 법정에선 조선인 청년이 군사재판을 받았습니다.

일본의 식민지였던 조선에서 동원된 젊은이들이 〈포로학대〉라는 전쟁범죄자로 재판을 받게 된 것입니다. 일본의 침략전쟁에 동원된 조선인 군인 군무원은 24만 2000명이나 됩니다. 그 중에서 전쟁 책임을 물어 전범이 된 것은 (BC급 전범) 148명이고, 그 중에 23명이 사형 또는 옥사 했습니다. 사형된 사람들 중에는 중국에서 통역으로 근무한 사람이 8명, 필리핀에서 포로수용소의 소장이었던 사람이 있고, 그 외에 포로수용소의 감시요원이었던 군무원이었습니다. 감시요원으로 모인 조선인은 3,223명이었고 그 중에 129명이 전범이 된 것입니다. 100명에 4, 3명이라는 전범비율은 헌병과 거의 같은 높은 비율이었습니다.

1942년 6월 조선각지에서 반강제적으로 모인 약 3천명의 조선청년은 부산에서 가혹한 군사훈련을 받았습니다. 그것은 군인칙유(軍人勅諭:1882년 메이지 천황이 군인에게 내린 가르침)과 전진훈(戰陣訓)을 중심으로 한 교육이었고, 상관의 명령에 절대 복종하지 않으면 안 되었으며 또한 "죽어도 포로가 되지 말라"라는 것이었습니다. 거기서 포로감시 임무에 관해선 가르쳐주지 않았으며 하물며 포로의 인도적 대우를 정한 제네바 조약에 대해서도 아무것도 가르쳐주지 않았습니다.

훈련을 끝낸 청년들은 즉시 타이 말레이 자바 보르네오의 포로수용소로 보내졌습니다. 일본군은 연합국 포로를 이용해 철도나 비행장 건설을 실시하였고 그 포로들 감시에 조선인청년들을 쓴 것입니다. 군내노동, 영양실조, 전염병의 만연, 의약품 부족 등에 의해 포로들은 날마다 수척해지고 쓰러져 갔습니다. 그러나 군은 매일매일 조선인 군무원들에 대해 "오늘은 몇 명 나와"라고 명령했습니다. 상관의 명령에 절대적으로 따라야 해서 병에 걸리거나 체력이 약한 포로도 노동력으로서 동원되지 않으면 안 되었습니다. 거기서 강압적 어조가 있거나 따귀를 때리는 것도 있었던 것 같습니다. 그런 와중에 포로들은 죽어갔습니다. 직접 포로들과 접하고 있던 조선인 군무원은 많은 미움을 받았겠지요. 얼굴과 이름을 기억하는 감시원은 포로들의 증오의 대상이었고 가장 가까이에 있는 〈일본군 병사〉였던 것입니다. 수용소에서 포로를 보살피고 그들의 작업을 감독하는 것이 다였고 실제로는 아무런 권한도 없이 최말단의 군무원 밖에 아니었던 것입니다. 일본의 패전 후에 전범이 된다는 것은 아무도 상상하지 않았습니다.

사람을 죽인 적도 없고 일본군인도 아닌 군무원이었던 것입니다. 일본의 패전을 기뻐하고 귀국할 날만 마음속으로 기다리고 있던 조선인 군무원에게 날아든 것은 전원 수용이라는 무차별 체포였습니다. 죄상은 우선 수용해서 포로와 대면 시켜 본인여부를 직접 확인하고는 고발해 나가는 방식이었습니다. 포로학대 정책을 펼친 군 상층부가 책임을 면하고 일본군의 최말단에 편입된 조선인 군무원에게 전쟁책임을 묻는 불합리한 구도였던 것입니다. 사형수 방에서 겪은 괴로움을 어떤 사람은 이렇게 남기고 있습니다.

"조국은 해방되었는데 왜 조선인 스스로가 일본 전쟁의 책임을 지고 죽어가야만 하는가? 전쟁이 나쁘고 아니고는 별개로 치더라도, 일본인 사형수에겐 자기 나라를 위해 죽어간다는 위안이라도 되지만, 조선인인 나의 죽음에는 아무런 의미도 위안도 찾을 수 없다는 것이 괴롭다. 조국이 독립한 지금 일제 협력자로 사형을 기다리는 몸이 무슨 위안을 받을 수 있을까?

NHK 다큐멘터리 「조문상의 유서」에 따르면, 크리스천이었다는 그는 포로에게 따귀를 때린 것을 자신의 죄라고 인정했기 때문에 사형 되었습니다. 그의 유골은 이직 일본에 있습니다. 그를 아는 사람한테 들은 이야기에 의하면 조문상 씨는 어학이 능숙하고 책임감이 강해 포로를 일터로 데리고 나갈 때 전원 확인하기 위해 본인이 수용소를 돌아다녔다고 합니다. 거기서 포로들이 얼굴을 기억하고 원한을 산 것이었습니다. 25세의 그는 형 집행 직전 유서에 "설령 육체는 없어지더라도 이 세상 어딘가 떠돌고 싶다…… 자기의 사상을 가지고 살아오지 않았던 것을 후회한다."고 써 놓았습니다. 어느 군무원은 사형집행 때 눈 가리는 것을 거부하고 입 밖으로 발설하지 않고 참아 온 "조선독립 만세"를 외쳤다고 합니다. 1972년 시아버지는 전범 동료였던 박성근에 대해서 이렇게 쓰고 있습니다.

저와 같이 취조를 받은 동료에게 기무라(박성근)라는 한국인이 있었습니다. 외아들이었던 그는 군산 출신으로 결혼하고 약 10일 지난 신혼초에 부산 훈련소로 왔다고 합니다. 사형 판결이 내려진 그는 형벌 집행 직전 저에게 "조국재건을 위해 노력해줘. 부모님께는 내가 웃으면서 죽었다고 전해 주길 바란다. 아내에겐 재혼하라고 말해줘"이렇게 말을 남기고 죽어갔습니다. 그의 유골은 현재 일본에 있습니다.

저도 아직 그분의 부모님을 만날 기회를 갖지 못했습니다. 제가 유골 이야기만 나오면 갑자기 화를 내는 것은 이러한 사람을 알고 있기 때문입니다. 전쟁 후 27년이나 지나도 유골마저 유족에게 돌려주려는 노력을 하지 않은 일본인은 "이래도 인간의 자격이 있는가!"라고 말하고 싶습니다. 저의 아버지는 죽는 당일까지 맨몸으로 집을 나온 저를 걱정해 일기에 써 놓았다고 합니다. 사형을 각오한 저는 모발과 손톱을 보냅니다. 조선인 전범은 1950년부터 51년에 걸쳐 차례차례 남방각지에서 일본의 스가모 교도소로 이송되었습니다. 1952년 4월 샌프란시스코 강화조약이 발효되자 일본인의 전범은 석방되지만, 조선인전범은 일본 국적을 상실하고 석방은커녕 계속 구류됩니다. 형벌 판결을 받았을 때 일본 국적이었던 것이 그 이유였습니다. 그 후 석방청구를 했지만 그 때마다 기각되고 말았습니다. 그 후 만기가 되어 스가모에서 가석방 되었지만, "일본인이 아니다"라는 이유로 조선인 전범이 받은 것은 한 장의 인양 증명서와 석방 증명서 피복 일용품 달랑 200엔이었습니다. 이걸로 모국인 한국으로 돌아가려 해도 돌아갈 수 없고, 지인도 없는 이국 땅에 남은 것입니다. 또한 가석방된 사람은 〈보호감독〉 아래에서 형기가 끝날 때까지 도쿄를 떠날 수도 없었습니다. 겨우 석방되었지만 그 후도 고생은 상상을 초월하는 것이었습니다. 구사일생으로 사형을 면하고 살아남았는데 두 명의 자살자가 나온 것입니다. 일본 정부의 처사는 너무나도 냉혹하기 그지없었습니다. 1955년 BC급 전범인 동료들은 "이 이상 낙오자가 나오지 않기를"바라며 소원을 담아 상조조직 〈동진회〉를 결성했습니다. 〈동진회〉는 1956년부터 40년간에 걸쳐 역대 총리대신에게 사죄와 보상을 요구하는 청원서를 계속 제출했습니다. 그리고 1991년 11월엔 일본정부를 상대로 도쿄지방재판소에 제소했습니다. 시아버지는 제소할 3개월 전 8월에 병마와 괴로운 싸움 끝에 세상을 떠나셨습니다. 돌아가시기 전에 병문 차 온 전범 동료 얼굴을 보자마자 시아버지는 큰 목소리로 "어이, 조선으로 돌아가자! 빨리 가자!"라고 해 모두를 놀라게 했습니다. 의식이 몽롱해도 동료들과 함께 모국으로 반드시 돌아갈 것이라는 의지의 표시였던 것입니다. 그로부터 8년 후 96년 첫 번째 청구도 98년 두 번째 청구도 재판은 기각되었습니다. 현재는 최고재판소에서 심의중입니다. 7명의 원고 중 3

명은 이미 이 세상을 떠났습니다. 올해(1999년) 4월 벚꽃이 만개한 이케가미혼몬지池上本門寺에 처음으로 갔습니다. 주지는 싱가포르 창기형무소에서 교화사教誨師를 하신 분이었습니다. 혼몬지 옆에 있는 조영원의 「싱가포르·창기순난자위령비」를 방문하기 위해서 입니다. 그 비석에는 14명의 조선인군무원의 성명이 새겨져 있었습니다. 처형되기 2분 전까지 유서를 계속 썼다는 조문상씨. "하야시(임영준)는 그렇게 나쁜 인간이 아니었다는 것을 알려주세요. 감형을 빌겠습니다"하고는 "대한독립만세"를 있는 힘을 다해 절규하며 죽은 임영준씨. "조국의 재건을 절실히 바라고 있다"라고 시아버지에게 말한 후 형장의 이슬로 사라진 박성근씨의 이름도 있었습니다. 저는 새겨진 이름을 손가락으로 짚으면서 일본의 전쟁 책임을 지고 죽어간 〈조선 청년들〉이야기를 들려주신 시아버지를 떠올렸습니다. "우리들은 지금까지 아직 이렇게 살아 있기 때문에 괜찮다. 젊디젊은 나이에 원통하게 죽어간 동포 그것도 "일본인"으로 죄를 뒤집어쓰고 죽은 동포에 대해 일본은 성의를 보여주길 바란다."

백자 그림에 이끌려

강호자康好子

1995년 10월 26일 이날이 나에게 있어 생애 잊을 수 없는 날이 될 줄은 생각지도 못했다. 그 날은 긴 세월 취미를 함께 공유하며 지내 온 친구와 싱어송 라이터 아라이 에이치新井英一의 콘서트에 가기로 한 날이었다. 마침 그녀의 언니와 언니 친구 전시회도 있다고 해서 우리는 좀 일찍 만나기로 했다. 지하철 진보쵸神保町역 근처에 대여섯 평 정도의 작은 화랑에 평소의 성과를 발표하는 네 명의 여성작가 작품이 전시되고 있었다. 천진난만한 유아 그림, 대담한 색을 사용한 카나리아, 그리고 섬세하게 묘사된 풍경화 등에 잠시 동안 시간 가는 줄 몰랐다.

대충 관람을 끝내고 입구 근처의 벽을 보니 어느 재일 한국인 화가의 개인전시회 안내가 붙어 있었다. 우리들은 여운을 남긴 채 나온 걸음에 긴자로 발길을 옮겼다. JR 유라쿠쵸有楽町역에서 걸어서 5분 정도 걸리는 빌딩 5층이 전시회장이었다. 문을 열고 안으로 들어가니 잡지 등에서 본 적이 있는 O씨의 인물화가 눈에 들어왔고 그 옆에 하얀색 양복을 입은 반듯한 노인이 앉아 있었다. 보자마자 오병학 화백吳炳学 画伯인 걸 알고 인사를 한 후 천천히 그림을 둘러보았다.

"작은 그림이 어쩜 이렇게 박력 있고 강력한 거지. 이 스케일의 크기와 존재감은 무엇일까?"하며 신기한 기분이 들지 않을 수 없었다. 그 중에서도 〈이조〉라는 백자그림에는 그저 놀랄 뿐이다. 깊이 있고 품위 있는 흰색을 띤 비뚤게 일그러진 묵직하면서도 부드러운 듯한 자태 그 그림은 지금까지 한 번도 느껴 보지 못한 흥분과 감동 그 자체였다. 나의 의문을 알아채기라도 한 듯이 화백은 "이 그림의 색과 구도는 실물과 약간 달리 내 나름의 민족관을 살려서 이미지 한 겁니다."라고 설명해 주었다.

그날 밤은 기분이 좋아 흥분을 가라앉히지 못한 채 하루 동안 일어난 이것저것이 생각나 쉽게 잠들지 못 했다.

"그 그림을 다시 한 번 천천히 보고 싶다."라는 염원이 하루가 다르게 더욱 강해졌다. 이 기분은 점차 부풀어 올라 이윽고 내 손에 넣고 두고두고 보고 싶다는 욕망으로 가득 찼다.

사랑하는 사람이 생긴 것 같이 제 정신이 아닌 것 같아 가족도 처음에는 의아해 했지만 서서히 이해해줬다. 가족의 동의를 얻은 나는 신바람이 나 용기를 내어 구매할 의사를 내비쳤지만 화백은 완고하게 작품을 양도하려 하지 않았다. 작품 하나하나 심혈을 들여 그린 작품은 화가에게 있어서 생명과 같은 것이다. 그 작품을 사랑하고 소중히 여기기 때문에 누구인지도 모르는 사람에게 넘겨줄 수 없다는 것이다.

그렇다고 해서 체념할 내가 아니었기에 여러 사람의 도움을 받아 드디어 화백의 마음을 움직여 귀중한 작품을 손에 넣었다. 25호의 백자 그림이 수

중에 들어 왔을 때 감동과 방 안 가득 채워진 깊은 풍미와 정경은 지금도 머릿속에 각인 되어 지워지지 않는다.

그 이후 그림 공개도 겸해서 화백을 모시는 모임을 4회 개최하면서 우리 집에 모인 친구와 미술 애호가만 해도 44명에 달한다. 모두 작품과 화백의 기골과 인품을 접할 수 있는 기회를 얻어 일상에서 잊고 지내던 민족문화에 대한 깊은 감회와 추억을 많이 배울 수 있었다고 생각한다. 한 장의 그림이 사람과 사람의 만남을 가져왔고 그 인연은 몇 겹이고 연결되어 널리 퍼졌다. 어느 날 우연히 만난 백자 그림은 나를 크게 변화시켰고 무엇과도 바꿀 수 없는 소중한 보물이 되었다.

올해 5월 긴자 마리온에서 오화백의 집대성이라 할 수 있는 개인 전시회가 열렸다. 화백은 평양에서 태어나 그림 공부를 위해 일본으로 온지 오십수 년 고향을 향한 뜨거운 열정이 조선민족의 전통을 테마로 한 작품을 많이 그린 것을 알게 되었다. 특히 가면(탈)이나 가면 춤(탈춤) 그리고 도자기나 접시 등을 다룬 작품에는 조선의 리듬이 화면 가득 연주되어 민족적인 색채가 자유롭게 춤추고 있었다. 그 전시회장에서도 백자 그림은 한눈에 들어와 사람들을 매료 시켰다. 전시기간 중 재일코리안 화가로는 최고의 실력자로 신문에 소개되었다. 세상에 알려지지 않은 고독의 세계를 개척하고 민족 문화의 풍부함을 굳게 믿고 추구한 화백의 엄숙한 삶의 태도가 훌륭한 작품으로 결실을 맺은 것이다.

나는 오화백의 평양과 서울 개인 전시회 실현은 물론이고 올해 가을에 발행된 화집 오병학 화백吳柄学画伯은 기록뿐만 아니라, 재일코리안의 삶의 증표로 남아 전해질 것으로 믿어 의심치 않는다.

Ⅲ. 2001년~2005년

내가 설 자리

유행숙 劉幸淑

　결혼한 지 2년 반 만에 남편의 홍콩 전근으로 우리 가족은 해외 생활을 시작하게 되었다. 해외 부임이 결정되자 기억속의 텔레비전 프로그램이 갑자기 떠올랐다. "오사카의 사카이시에는 재일한국인이 많이 살아 일본인 인구를 훨씬 넘어서고 있다" 그때 나는 소속감이 없고 친근감이 없는 그 지역의 환경과 주변을 탓했다. 나는 내가 살고 있는 지역에 대한 애착이 별로 없어 멀리멀리 밖으로 떠나고 싶다고 빌었다. 일본을 떠나게 된 것도 떠나고 싶은 강한 염원이 있어 가능했다고 본다.

　고민에 고민을 거듭한 끝에 10대 때 나의 존재 이유를 알고 싶어 교회에 다녔으며, 20대가 되어 본명으로 지내기 시작하고 얼마 안 되었을 때 마침 민단에서 3개월 코스 어학연수 모집이 있어 일을 그만두고 한국행을 택했다. 고등학교 때 수행여행을 다녀 온 뒤 몇 번이나 한국을 방문하기도 했다. 하지만 지금까지 와는 전혀 다른 의미의 기회를 맞이하였다. 짧은 3개월 동안 그 지역에 살면서 그 지역의 주민이 되는 것으로 조국에 대한 나의 위치가 확실해지는 찬스였다. 거기서 배운 한국어, 동포 친구들과 귀중한 만남, 지역 주민과의 교류 하나하나를 피부로 실감하였고, 작은 체험은 내 나름대로 나자신을 높이는 나날이었다. 그러면서 나의 굳건한 자존을 되찾기 시작하였고 나를 긍정하며 과거의 구속에서 해방되었다. 내 인생에 있어 그때의 체험은 지금까지 나의 보물로 자리 잡고 있다.

유학을 마친 후 나는 고향 니가타를 떠나 도쿄에서 본명으로 일을 시작했다. 일을 시작한지 얼마 안 돼 지금의 남편을 만나 결혼했다. 남편은 일본인이지만 전혀 차별의식이 없는 사람이었다. 결혼하기로 하자 그의 부모님께서 제안을 하나 했다. 장래에 이 나라에서 태어나 자랄 손자가 차별 받을지 모른다며 나의 국적을 일본국적으로 바꾸라는 것이었다. 두 손 들고 반대한 것도 아니고 해서 나의 부모님과 조부모에게는 죄송한 마음이 들었지만 제안을 받아들여 귀화했다.

결혼 하자 마자 첫째가 바로 태어나 눈코 뜰 새 없이 바쁜 나날이었다. 이런저런 나날을 보내고 있을 때 발령이 난 것이다. 일본을 떠나 홍콩에서 아주 평범한 일본인으로 지내며 주변사람들과 자연스런 교류를 하고 있던 어느 날 왠지 내가 만나고 있던 주변의 일본인들과 거리감을 느끼기 시작했다. 주재원 가족으로 지내면서 나의 행동거지에 긴장감이 감돌기도하고 허세를 부린 것도 부정할 수 없지만 외롭게도 마음을 열 친구가 없었다. 그곳에서 둘째를 출산해 생활이 바빠지자 만사 깊게 생각하고 고민할 여유 없이 지냈다. 그럭저럭 지내는 동안 다음 부임지가 정해져 다시 이동을 했다. 이번에는 경험도 있고 해서인지 주재원 생활도 순조롭게 궤도에 올랐다. 아이들은 친구가 생기면 새로운 생활에 바로 적응 했으며 남편도 동료를 비롯해 회사 안팎의 교류도 원활하게 이루어져 갔다. 문제는 나의 인맥 만들기였다. 두 번째 발령이라 심적으로 여유가 생겼다고 생각했다. 그런데 아내이자 엄마로서 나 자신이 뭔가 숨 막히는 것을 느꼈다. 기나긴 하루를 엄마로만 지내기에는 정말 고독했다. 나는 아이를 통해서 마음 맞는 엄마를 찾아나섰다. 그 때 한 엄마를 만났다. 아이들의 과외 수업이 같아 얼굴 볼 일이 잦아 서로의 집을 오가게 되었다. 그러던 중 아빠들도 교류하게 되어 일가족 모두가 교제하는 등 함께 술자리를 하며 허심탄회하게 얘기를 나누는 친구로 진전되었다. 그녀는 일본인 남성과 결혼한 멕시코인이었다. 주부가 되어 알게 된 친구는 둘도 없는 사이로 독신 때와는 달리 무게와 깊이가 있다. 그것은 틀림없이 내가 변했기 때문이라고 말 할 수 있다.

어느 친구는 이렇게 말한다. "학생 때 친구가 가장 자신을 드러낸다"고 일리 있는 말이지만, 나와는 상관없다. 역시 본명을 사용하기 시작한 시점부터 마음을 해방시킨 나는 학생 시절의 나 자신은 왠지 뒤가 께름칙하게 켕겼다. 그건 내가 한국인이라는 것을 밝히지 않은 흠 때문일 것이다. 비록 귀화를 했지만 본명이 아닌 전혀 다른 일본명으로 귀화해 일본인처럼 보이는 나이지만 본명을 쓰기 전에 고민에 잠기던 그때와 별 다를 바가 없었다. 과거로 되돌아가는 듯 했지만 확실히 나의 내면에는 변화가 일기 시작했다. 있는 그대로의 나를 다 들어내고 교류하면서 이루어지는 관계는 마음이 편안하다. 하나의 작은 거짓과 비밀은 많은 위선을 만들어낸다. 그것이 걷히고 나면 나의 세계가 넓어지는 것을 실감하게 되었다. 그러면서 서서히 마음 맞는 친구가 늘어났다. 하지만 묘하게도 친하게 지내는 친구 중에 일본인은 없다는 것이다. 그 이후 또 이동하여 부임지의 치안이 위험하다는 이유로 운전수 가사도우미가 있는 생활이 시작 되었다. 아이들도 성장하여 작은 아이가 보육원에 다니면서 손이 덜 가게 된 나는 교회에 다니기 시작 하면서 봉사활동을 하게 되었다. 일본인 여성을 위한 커뮤니케이션 레터편집과 작은 그림책을 지키는 문고활동에 아이들과 참가하면서 현지에서 내가 설 자리를 찾아 보람을 느끼며 매일 즐겁게 지내게 되었다.

폭넓게 활동하는 동안 마음 터놓고 지낼 일본인 친구가 생겼다. 그녀는 몇 안 되는 주변 일본인과는 다른 면이 있었다. 본인이 말하기를 일본인 친구와는 어렵다고 한다. 본인이 말한 대로 분명히 일본인이지만, 그녀는 왠지 역시 외국인 친구가 많다. 나와 친해진 것은 그 때문일까.

2001년 10월을 눈앞에 둔 우리 일가는 5년 만에 귀국했다. 겨울이지나 벚꽃 피는 계절을 만끽하며 오랜만에 일본을 즐기고 있다. 역시 일본이 좋다. 내가 돌아갈 고향은 일본이라는 생각이 든다. 일본을 떠나 해외에 부임한 사람 대부분이 이렇다고 생각한다. 밖에 나가 처음으로 일본의 좋은 점을 다시 알게 되고 애국심마저 생겨난다고 한다.

내 경험으로도 충분히 공감한다. 역시 난 재일 한국인이라는 것을 아무리 변장을 해도 난 역시 변하지 않는다. 많은 친구들이 나에게 들려준 "너는 일본인답지 않아"라는 말처럼.

그래 난 일본인도 한국인도 아닌 재일 한국인이야. 하프가 아닌 더블의 감각이야. 지금 살고 있는 이 땅에서 친하게 지낼 벗들과 만났다. 마음 털이 놓을 수 있는 친구 그녀는 한국인이다. 5년간의 해외 생활로 나는 붕 떠 있었다. 일본에서 생긴 고민을 한국에서 해소하고 그 어느 나라도 아닌 국가에서 살면서 나는 지금에야 다시 태어난 기분이 든다. 그리고 또 다시 일본에서 살면서 한국과 일본을 다 사랑하는 마음이 생겼다. 내 마음이 설 자리는 자신의 존엄을 깨달았을 때 만들어지는 것이라 생각한다. 지금까지 만난 친구들은 통명(일본식이름)으로 부르는 친구, 본명으로 부르는 친구, 귀화명으로 부르는 친구, 이러한 친구들의 만남을 통해 뒤늦게나마 맛볼 수 있는 나의 인생을 실감하고 있다.

어제 이정미씨의 콘서트에 딸과 함께 갔다. 귀국 후 채리티 콘서트에 갔다와서 지금은 열성 팬이 되었다. 이번에도 딸과 함께 큰소리로 아리랑을 부르고 왔다. 정미씨가 한국어의 울림이 그리워 노래를 부르면 안정을 찾는다고 하듯이 지금 난 말 뜻도 잘 모르고 입속에서 흥얼거리지만 역시 그 울림은 그립다.

<소설> 오징어 낚시

김계자 金啓字

초여름 밤의 달빛이 칠흑 같은 어둠을 뚫고 투명하리 만큼 푸른 이상야릇한 해면을 비추고 있다. 녹슨 배꼬리에 파란색 빨간색을 정성껏 칠한 공화국 국기가 눈에 띈다.

철퍼덕 철퍼덕 작은 물방울이 둥근 창을 두드린다. 달빛을 머금은 물방울이 반사하면서 이준일의 눈에 꽂히는 듯하다.

이등 선실은 10평 정도의 넓이로 짙은 베이지색으로 내부가 칠해져 있다. 그 반대편 벽 쪽에 이층 침대가 있다. 방 중앙에는 둥근 테이블과 의자 두 개가 놓여있다. 이준일은 혼자 뱃멀미로 고통스러워하는 남자를 무시하고 담배를 피우려고 의자에 앉았다. 소등시간이 지난 방안의 약한 전등이 그의 그림자를 벽에 어렴풋이 비추고 있다. 이준일은 갑판위의 웅성거리는 소리에 귀를 기울였다. 환성이 들려온다. 그는 담배를 문질러 끄고 일어섰다. 방안 공기가 움직이고 그림자가 움직인다.

니가타 新潟를 출항한지 만 하루가 지났지만 이준일은 같은 선실에 있는 조국 방문 단원들과 접촉을 최대한 피하며 의도적으로 말을 걸 수 없도록 같은 선실 남자들과 시선을 마주치지 않으려고 했다. 그가 방을 나서려고 할 때 같은 선실의 남자 세 명은 침대에 위로 눕거나 옆으로 뉘었던 몸을 일으켜 얼굴을 볼 수 있어 안심이라는 듯이 눈썹을 폈다. 돼지 목을 한 남자는 귀에 꽂고 있던 이어폰을 빼고는 반대편 침대에 누워있는 야윈 남자에게 말을 걸었다. 라디오 소리가 들렸다. 문고리를 잡은 이준일의 어깨가 움직였다.

"어디서 왔어요?"

"야마구치에서……"

"누가?"

"누나가 둘"

"어디에?"

"원산하고 평양에……. 언제까지 이렇게 방문할 수 있을까? 내가 귀국을 권했거든. 속죄하는 마음으로……"

"아이고……"

대화는 배 멀미도 하고 해서 짧다. NHK 심야방송에서 빠른 템포의 밝은 아나운서 목소리로 〈엄마를 말하다〉라는 프로그램이 진행되고 있다. 여기와는 전혀 어울리지 않는 밝은 목소리가 들려왔다.

이준일은 뒤돌아보며 턱을 내밀고 위를 쳐다보며 소리 나는 쪽을 째려본다.

"배 탈 때 그 라디오 쉽게 허락 받았군요."

이층침대 위에서 백발의 남자가 말을 걸었다. 돼지 목의 남자는

"선물이라고 말하면 아무 문제도 없어요.

음……. 그 정도야 알고 말고요.……"

화 낼 일도 아닌 것에 화를 내자 듣고 있다가 가당찮은 듯이 눈썹을 찡

그리고 볼륨을 내렸다.

모든 행동을 자기 내면에서 숨죽이는 것에 익숙한 이준일은 행여 눈치 채지는 않았을까? 잠깐 얼굴을 들어 자세를 고쳤다. 남자들은 서로 친숙해져 스스럼없이 대한다. 서로 이산가족의 비애를 말 할 수 있는 형제라는 것을 인정하고 있다. 그것은 이 여행 장소에서만 느끼는 친밀감이었다. 이러한 친밀감은 나중에 꼬리를 물지 않는다. 하지만 그 이상 대화는 이어지지 않는다. 담담한 대화 속에 억양 없는 말과 깊은 한숨이 있다. 그리고 남자들은 이준일이 방을 나간 뒤에 속닥였다.

"지금 저 사람 공화국 사람이지"

"어떻게 알아요?"

"저 눈빛과 체취에서요"

만경봉호 안에는 페인트 냄새, 기계기름 냄새, 개와 고양이 같은 동물 냄새가 섞인 일종의 이 배만의 특이한 냄새가 났다. 돼지 목은 거기까지 말하고는 고개를 움츠리고 침대 안으로 들어갔다.

"그러고 보니 숙소는 어디에요?"

"초대소라고 하던데요."

깡마른 남자는 과거에 조총련 조직에서 일한 적이 있다는 이준일로부터 들은 단한마디를 전한다.

"네에 그렇군요. 그럼 지금은 노동당의 높은 사람이거나 공직원이거나"

백발의 남자가 몸을 내밀며 말했다.

"글쎄 거기까지는 ……"

깡마른 남자는 그렇게 말하고는 괴로운 듯이 몸의 방향을 바꾸었다.

돼지 목은 원숭이같이 교활한 눈매를 번뜩였다.

"그렇군요! 저렇게 피부가 하얀 걸 보니 정부 고관이거나 공작원이죠! 인민은 누구든 새까맣게 탄 얼굴이죠."

갑판에 나온 이준일에게 검푸른 파도가 하얀 물거품을 품으며 암벽에 부딪치는 소리가 들렸다. 그는 귀 안쪽에서 철썩철썩하는 소리가 들리는 기분이 들었다.

달은 바로 위에 떠 있고 원산항을 앞둔 만경봉호와 등대만이 어둠속을 밝히는 인공적인 빛이었다. 해안지역은 암흑천지로 산 능선이 흐릿하게 하늘의 숨은 그림자를 만들고 있다.

닻을 내린 7000천 톤급 배 만경봉호는 부웅부웅하는 진동을 마지막으로 엔진이 멈췄다.

미지근한 바람이 이준일의 콧구멍 깊숙이 바다 향기로 물들인다.

배 난간에는 낚싯줄에 갈고리를 붙이기만 한 보잘 것 없는 허술한 장비로 화살 오징어를 낚아 올리는 승무원이 있다. 조국 방문단 안내원들은 한쪽에서 셔츠소매를 걷어 올리고 나비넥타이도 풀고 있었다. 줄줄이 낚여 올라오는 오징어를 바케츠에 담고 있다. 조국 상륙을 앞두고 고양된 방문단 일행 중에 뱃멀미도 안하는 건장한 몇 명은 신기하다는 듯이 그를 도우며 에워쌌다.

승무원들은 익숙한 손놀림으로 실을 당기며 해면에서 오징어의 배가 부어 오른 것을 보고 먹물을 짜내고 갑판 위 바케츠에 갈고리를 뒤집어 뒀다.

그러자 너무 쉽게 바케츠 안으로 떨어졌다. 투명한 오징어의 몸은 벌렁벌렁 움직이면서 차츰 하얗게 변했다. 뱃속의 플라스틱과 같은 연골을 뽑아내면 오징어는 허물거리며 바케츠 밖으로 떨어져 마치 헤엄치듯이 갑판위로 미끄러졌다.

"와아"

"오징어 파티다"

"손으로 찢어"

방문단은 민족학교의 고등학생도 섞여 있는 걸 보아 전국에서 모였다.

열성적인 간사이[関西] 사람들은 여기서도 주도권을 잡고 리더하고 있다. 오징어를 한입 가득 넣은 장년의 여자는 승무원이 오징어 장만하는 순서를 금방 익혔다.

엉덩이를 올린 개구리와 같은 모습을 하고 앉아 오징어를 찢고 있다.

그것을 바케츠 물로 씻고는 여기 하며 던졌다. 그것을 받은 고등학생은 깜짝 놀란 얼굴을 하더니 흥미가 생겼는지 입에 넣었다. 조국방문단과 합류한 고등학생들은 수학여행 중이었다.

"어머나 이렇게 맛있는 오징어를 먹어 보기는 처음이야"

오징어 다리가 입에서 빠져나온 채 씹는 소리를 내며 여고생이 말했다.

"아귀 간 같아!"

오징어의 내장을 입에 넣은 중년 여자가 쩝쩝 소리를 낸다. 내장을 여자가 앞니로 찢자 여자의 입 주변이 황토색으로 물들었다. 오징어 바케츠를 들은 안내원과 몇몇 사람은 로비쪽으로 이동하며 움직였지만 아직 승무원 여덟 명 정도는 오징어 낚시를 계속했다. 그들은 잡을 때 실이 무거워지는지 앞으로 굽힌 자세를 고치려고 몸을 휙 뒤로 휘며 실을 잡아당겼다. 그 반복 작업은 일정한 리듬을 갖고 있었다.

말없이 조용히 움직이고 있다. 그러던 중 남자들은 일단락 끝내는 듯이 갈고리가 붙은 줄을 순서대로 배 갑판 줄에 내다 걸었다. 연기를 천천히 들이마시고 돌아선 이준일을 이제야 알아챘다는 듯이 눈이 멈췄다. 배 난간에 엉덩이를 붙이고 기댄 채 팔짱을 끼고 째려보듯 그들을 바라보는 이준일에게 일순 강한 시선이 쏟아지자 그는 바로 눈을 피했다. 앞으로 구부리고 서서 눈을 내려 뜨고 가끔 흘기는 이준일의 눈은 눈동자가 회색빛으로 변하며 레이저를 쏜다. 주름으로 처진 목 근육을 쉰 살의 이준일은 파란색 포로 셔츠의 칼라를 세워 숨기고 있다. 그는 방문 단원만큼 오징어에 식욕을 느끼지 않았다. 그보다 오히려 열심히 오징어를 낚는 이의 놀랄 정도로 조용하고 충실히 임하는 황홀한 모습을 그는 바라보았다. 기계적으로 움직이기보다 달빛을 받아 검푸른 해면에 그림자를 만들고 있었다.

로비에 나와 있던 사람들은 식당에 진을 치고 잡아 올린 오징어를 와사비장으로 먹고 있다.

"맥주 500엔, 500엔"

냉장고에서 막 꺼낸 물방울이 맺힌 아사히맥주 350밀리리터 캔을 젊은 승무원이 어깨에 바구니를 메고 팔고 있다. 어느새 나비넥타이를 매고 땀을 흘리며 바삐 방문단 사이를 이리저리 누비고 다닌다.

"안내원선생님 여기도 맥주 주세요."

호칭은 정중하지만 오사카출신의 중년 여자는 배 안의 안내원이나 승무원에게는 팁도 주지 않고 거칠게 막 부린다.

"네 잠깐만요"

잘 훈련된 승무원은 그런 와중에 정중히 대답한다.

이준일은 언제 까지고 배 난간에 서있다.

"내일은 오징어 반찬만 나올꺼다."

오사카사투리의 애교 섞인 말투를 들으며 이준일은 바다를 바라봤다.

승무원들이 줄을 잡아당기면 오징어는 거꾸로 매달려 올라오며 물보라를 일으키고 있다. 오징어가 미끈하고 튕기면 물보라가 튄다. 이준일은 마치 소리가 없는 불꽃을 보고 있는 듯한 느낌이다. 그는 마치 파랑 노랑 초록빛의 불꽃놀이를 보는 듯했다. 그러나 그것은 한순간이었다. 그는 감상을 벗어 던지듯이 얼굴을 들어 별을 바라봤다. 그러자 강한 자력과 같은 섬광을 비추며 십자가에 빛을 발하는 작은 별에 이끌리고 있었다.

28년 전 1971년 여름 이준일이 조사위원회에 갑자기 끌려간 저녁도 이런 밤이었다.

그해 봄 평양음악대학 대학원에 진학해 작곡공부를 한 이준일은 조사위원회에서 조사를 받았다. 몰래 일본이랑 미국의 정보를 모으고 있다는 의혹을 받았다. 이준일이 10살 때 귀국하면서 라디오를 갖고 있었다. 그 라디오는 평양방송 이외에는 들을 수 없게 납땜이 되어있었다. 그런데 갑자기 엘비스프레슬리의 노래가 흘러나와 그는 깜짝 놀랐다. 놀라서 납땜 한 곳을 보니 오래되어 접합부분이 떨어져 나가 있었다. 정기적인 검열 때 보고하지 않고 그대로 두어 일본방송을 가끔 듣고 있었는데 이웃의 신고로 들키고 말았다. 숨죽이며 들은 프레슬리나 비틀즈의 멜로디. 그리고 무엇보다 그리운 것은 어릴 적 쓰던 일본말이다. 이준일을 꽁꽁 감싸고 있던 어머니의 품과 같은 포근한 여운이었다. 그리움이 솟구치며 설렘과 흥분이 이준일의 가슴을 가득 채웠다.

그때 이준일은 조국에 충성심을 맹세하는 획일적이고 전투적이며 영웅적인 행진곡, 그의 감정과는 다른 서정적인 김일성 개인숭배 곡을 만들도록 강요당했다. 이준일은 그 강요를 따르지 않았다. 그의 마음속에서 억누르고 또 억눌러도 솟구치는 선율이 있었다. 모순된 생각을 죄다 털어놓고 싶은 충동에 사로 잡혀 있었다. 공교롭게도 조사위원회는 그것을 인정하지 않았다. 키포(일본에서 온 귀국자를 부르는 차별어)라고 부르며 방심할 수 없는 놈이라며 철저하게 사상교육을 받게 했다. 그것은 자기비판으로 출생과 성장 현재의 그를 더 이상 어떻게 할 수 없을 정도로 뭉개 버렸다.

뺨에 점이 있고 가느다란 실눈을 한 간부는 이준일을 향해 네가 크며 배운 말과 감정에는 피식민지인의 비굴한 의식이 흐르고 있다고 단언했다. 그는 일본인 어머니와 조선인 아버지 사이에서 태어났다. 태어나 북한으로 귀국할 때까지 일본어로 생각하고 일본어를 사용했다. 아버지는 아버지 나라의 사람으로 그를 키우고 싶었을 것이다. 그때까지 정처 없는 일본생활이었지만 이준일의 가족은 비교적 괜찮은 생활을 했다. 그것은 그의 아버지가 신사복 봉제기술을 갖고 있었기에 가능했다. 하지만, 그의 아버지는 그의 장래가 불안했다. 독립한 조국은 사회주의 사회로 모두가 평등하게 생활할 수 있게 교육비랑 의식주가 전부 보장되는 낙원으로 그의 아버지는 믿었다.

갑자기 조선인으로 살아갈 것을 바라며 조국으로 귀국시켰지만 이준일은 당황스러웠다. 민족의식을 내면에 불어넣으려 노력해보아도 그를 키운 일본어는 가끔 일본적인 감각을 자아내게 한다.

일본적인 정서는 모든 면에서 맞고 틀린 것을 정하는 게 아니라 평온한 상태를 우선시 하려고 한 나머지 예스인가 노인가를 싫어한다. 이준일은 이 라디오사건으로 그것을 알게 되었다. 겉으로만 자기비판을 했다며 그는 불온분자로 수용소 행을 선고 받았다. 얼굴에 점이 있는 간부는 단하나 너를 구할 길이 있다고 했다. 그리고 이틀 밤 낮을 생각해 보라고 말하고는 이준일을 감옥에 넣었다. 그 감옥은 사방 1미터의 바닥으로 높이 1미터 20센터가 채 안 되는 곳이었다. 설 수도 앉을 수도 없었다. 이준일은 무릎을 접은 상태로 미지근한 요의 감촉을 엉덩이로 느끼며 벌벌 떨며 눈물을 흘렸다. 그 이후부터는 대소변을 나오는 대로 뒀다. 안에서는 보이지 않지만 감시용 창이 열리면 겨우 한쪽 팔이 들어갈 정도의 틈으로 알루미늄접시에 놓인 음식을 먹이를 던지듯이 안으로 던졌다. 이준일은 턱이 떨어질 듯이 오열하고 눈물 콧물을 흘리며 그것을 손으로 입에 집어넣었다. 삼일 째 나타난 뺨에 점이 있는 실눈의 간부는 눈물과 땀 그리고 오물로 범벅이 되어 기어 나온 이준일을 보고 이렇게 일생을 보낼 것인지, 아니면 너의 기술을 살려 수령님의 부하가 되어 공화국의 투사로서 일할 것 인가? 라고 물었다. 그리고 니 같은 불온분자를 보면 곧바로 보고하도록……이준일은 잡힌 개가 되었다.

만경봉호의 바닥에 가까운 이등 선실로 돌아와 침대에 누워있던 이준일은 윗옷 좌측의 칼라에 붙어있는 흉장을 봤다. 타원의 중앙에 김일성 장군의 얼굴이 그려져 있다. 충성의 표시인 흉장이 일본에는 아무런 도움이 안되지만 상륙하면 그 계급차가 이 훈장 하나로 역력히 드러난다. 이준일은 다시 자신의 존재가치와 자신의 일을 견디기 위해 자기 스스로 자신을 형성해야 하는 습성을 떠올렸다.

이준일에게 자금조달 명령이 내려졌다. 홋가이도, 센다이, 도쿄, 오사카, 구라시키 등 동포 가게나 집을 방문한다. 파칭코 사무실에 들어가면 소금이라도 뿌릴 기세로 긴장의 눈이 그를 맞이한다. 야키니쿠 고기집도 어느 가게도 버블경제가 꺼졌다며 불경기에 신음하고 있다고 한다. 이미 망해서 흔적도 없이 다른 빌딩이 들어서 있기도 한다. 미지근한 차를 주며 궁핍함을 호소한 경영자들은 그래도 공화국에 사는 부모 형제의 근황을 전하면 나중에 호텔로 찾아온다. 목적은 달성했다. 그것을 생각하며 이준일은 한숨을 쉬었다.

이준일은 창문에 비치는 하늘색으로 새벽이 다가온 것을 알았다. 하늘은 암흑 속에 회색 빛이 섞여 있다. 잠이 오지 않아 그는 방을 나왔다.

갑판에 나와 보니 하늘색은 아직 어둡다. 인기척이 없는 만경봉호 불빛은 앞을 비추는 힘이 꺾인 듯이 따뜻한 빛으로 띠를 두르며 바다에 길게 드리운다. 그리고 어딘가 조심스런 작업소리가 들린다. 뱃전에는 먼저 장치해둔 낚시를 사용해 열심히 오징어낚시를 하는 남자들이 있다. 눈 주위에 다크서클을 보이는 런닝 차림의 그들은 기계기름에 범벅이 되어 말라있었지만 팔 근육은 발달해 있었다. 남자들의 동작은 승무원들의 우아함과는 비교가 안 되게 선명히 알 수 있을 정도로 살기가 있다. 이준일이 있는 것을 알아챈 남자가 힐끔 그를 쳐다본다. 기름투성이의 얼굴에 크게 뜬 눈은 충혈 돼 있다. 입술을 깨물고 눈알을 굴리며 그를 째려봤다고 생각하는 순간 겁먹은 듯한 눈빛을 내보낸다. 아니 이준일이 그렇게 봤을 뿐일지도 모른다. 사고를 빼앗긴 자가 내뿜는 눈빛이다. 감옥에서 이준일의 눈이 그랬다. 검은 운동자는 뒤집혀지고 흰 눈동자는 빨갛게 충혈 되었다.

감옥안의 짐승처럼 손으로 먹이를 쥐고 추위에 떨며 오물에 범벅이 되어 고독에 휩싸인 채 끝없이 계속되는 공포와 옥에 갇힌 몸으로 겁내던 과거의 이준일을 떠올렸다.

지금 이준일은 옛날의 자신이 지금의 이준일을 째려보는 듯한 느낌이다. 일순 뒷걸음질 치며 휘청거리며 "인간은 왜 이렇게까지 하며 살아야 하는가?" 가슴속 깊은 곳에서부터 격하게 치솟아 오른다. 그는 뱃전에 손을 내밀고 고개를 숙였다. 고작 오징어 낚시가 아닌가. 나는 이와 같은 밑바닥을 살아가는 인간이 아니다. 나는 공화국의 엘리트가 아닌가 나는 특권을 갖고 있다고 나 자신을 납득시키기 위해 식은땀을 흘리고 있다. 그는 심호흡을 했지만 숨 쉬는 것이 괴로워졌다. 맥박이 점점 빨라지는 것을 느꼈다. 그리고 한번 태어나 죽는 이상 사는 것도 죽는 것도 다 긍정하고 싶다고 이준일은 강한 반발심이 솟아오른다.

갈치 떼에 쫓겨 거의 떠오르지 않던 오징어 무리가 수면위로 거의 가까이 다가온 듯하다가 다시 도망치며 깊게 잠수해버린다. 은빛 갈치가 지금이리도 사라질 듯한 만경봉호의 물빛에 반사되어 칼끝과 같은 은빛이 둔하게 빛났다.

기억 여행

정영혜鄭暎惠

 2002년 3월 23일 오전 6시에 집을 나서 제주도까지 긴 여행이 시작되었습니다. 이제 막 아장아장 걷기 시작한 한 살 된 아기를 데리고 나선 여행이었습니다. 유채꽃이 만발한 춥지도 덥지도 않은 좋은 계절이었습니다. 짐이 너무 많아 기저귀라도 떼고 2년 후에 하는 게 좋았을 것을 하며 여행에 나섰습니다. 하지만 이번에 가지 않으면 두 번 다시 만날 수 없는 사람이 있습니다. 그래서 기다리고 기다리던 여행이기에 네 명이 11년 만에 제주도를 찾았습니다. 10살 된 레미와 남편, 가이 그리고 이제 막 한 살 지난 세레노는 처음으로 한국에 왔습니다. 택시로 기치죠지吉祥寺까지 가서 그곳에서 나리타행 리무진버스를 타고 버스 안에서 아침을 먹고 11시에 출발 하는 인천행 비행기에 몸을 싣고 한국에 도착했습니다. 작년에 북미의 어딘가 갈 때 반짝반짝 빛나는 인천공항에 내렸을 때 "김치 냄새가 나지 않는 한국공항"을 타박한 나의 기분에 맞추기라도 하듯이 1년이 지난 인천 공항은 김치냄새를 약간 풍기며 맞이해 주었습니다. 입국 수속을 할때 나를 제외한 3명은 외국인이라 나만 내국인 줄에 서야하는 위화감이 있었습니다. 아이들은 한일 이중국적을 갖고 있으면서 일본 여권만 갖고 있기 때문입니다. 오늘 잘 호텔까지는 한참 가야하고 한국에 도착하자 흥분해서 까불거리는 두 딸을 서둘러 먼저 내보냈습니다. 4시 이후에 제주도로 출발하는 국내 편 항공을 다시 이용하기 위해 인천공항에서 버스를 타고 김포공항으로 이동했습니다. "또 타"하며 지겨워 하는 두 명을 업고 좁은 비행기에 몸을 구겨 넣고 제주도로 향했습니다. 나의 조부모님이 태어나 제주도를 떠난 지 70여 년이 지났고 70여 년의 격동의 역사는 우리를 생각지도 않은 곳으로 데려왔습니다. "일본인하고 결혼은 안 돼"라는 말을 듣고 자란 내가 일본인 남편과 더블의 아이들에게 조부모님의 고향을 보여주기 위해 왔습니다. 나의 외조부모님은 민족의식이 매우 강하셨습니다. 사업에 성공하여 약간의 재산을 모았으나 동포들 사이에 보증을 써 모든 것을 날려버렸다고 합니다. 미가와시마 河島에 민단을 창설할 당시 중심 멤버였지만 박정희 정권 때 도쿄에서 김대중 씨의 강연회를 들으러 간 것을 핑계로 민단으로부터 홀대를 받았다고 합니다. 그런 것에 개의치 않고 제주도와 동포를 향한 애향심이 강해 3살 박이 첫 손녀인 나에게 "너는 이것을 배워"하며 한글표본을 가지고 뒤를 따라 다녔다고 합니다. 조국에 대한 그리움으로 제주도로 돌아가고 싶어 하시던 할아버지를 일본에서 화장을 하고 이치가와 공원묘원에 잠들어 계신 것이 너무 괴로웠습니다. 가끔 저의 할아버지의 영혼이 나에게 옮겨와 나를 컨트롤하는 것은 아닐까? 하는 의심이 들 정도였습니다. 드디어 제주도에 도착해 공항을 나서자 약한 빗방울과 차가운 바람이 우리를 맞이해주었습니다.

택시로 시내에 나와 지인이 소개한 여관에 도착하여 짐을 푼 시간이 오후 6시, 집을 나선지 12시간이나 걸렸지만 어른도 아이도 흥분하여 아직 생생한 모습입니다.

근처 식당으로 나가 제주도의 맛있는 생선요리를 〈해변의 고향〉에서 먹었습니다. 그 식당은 향수를 불러일으키는 갈치 맛으로 제주도에 온 것을 실감하기에 충분했습니다. 채소를 싫어하던 아이들도 미나리, 쑥갓나물을 마구 먹어 댑니다. 먹거리뿐만 아니라 온돌방은 잠버릇이 나빠도 따뜻하게 몸을 뻗고 잘 수 있었고 하룻밤 지내고 나서 한국 물이 맞는 것도 알았습니다.

다음 날은 하루 종일 택시를 렌트해 가장 먼저 향한 곳은 섬의 남서부에 있는 외조부가 태어나 자란 마을 화순리로 주변의 산방산은 유명한 해변 마을입니다. 천수가 뚫었다는 산 중턱의 동굴에 있는 절에 가서 참배하고 마을을 돌아봤습니다. 마을 한가운데로 길이 새로 뚫려 마을은 변화를 거듭하고 있었습니다. 어디가 어딘지 모를 정도였고 항구를 지날 때도 〈야생 흑돼지 갈비〉간판이 눈에 들어와 마침 배가 고픈 차에 점심을 먹었는데 운 좋게도 맛집이었습니다. 피하지방과 그 부위에 남아있는 검은 모근까지 붙어있는 흑돼지갈비 맛은 지금까지 먹어본 갈비보다 맛있어 지금도 잊을 수 없습니다. 나중에 알고 보니 그 집은 친척집이었습니다. 멀리 떨어진 일본에서 우연히 들린 집이 친척집이라니 이것도 인연이겠지요.

다음 코스로 식물원 안내를 받았지만 양해를 구하고 할아버지의 마을 월평리로 서둘렀습니다. 서귀포 근처에 있는 마을로 많은 변화가 있었습니다. 버스 정류장 앞에는 고층 아파트가 들어서 시야를 가릴 정도였고, 친척 집을 방문하려고 나섰지만 풍경이 너무 변해 길을 헤매고 말았습니다. 월평 버스 정류장을 배경으로 기념사진을 찍으려고 정류장 근처에 가자 〈재일동포의 비)가 세워져 있었습니다. 일본으로 건너간 동포들이 35년 전에 돈을 거두어 월평리에 처음으로 전선시설을 설치한 기념으로 비를 세웠다고 합니다. 할아버지의 이름이 있는지 찾아보니 있기에 큰 소리로 "여기에 너희들 증조할아버지의 이름이 있어"하며 아이들을 부르자 버스를 기다리고 있던 아주머니가 말을 걸어왔습니다. "나는 너의 할아버지를 잘 알아. 바로 앞 모퉁이를 돌면 너의 친척집이니 한번 들러 봐"라는 말을 남기고 버스를 타고 가버렸습니다. 그 아줌마의 말 대로 가보았지만 기억에 없는 집이었습니다. 반신반의 하면서 초인종을 눌러보니 언젠가 본적이 있는 아줌마가 안에서 나오는 것을 보고 깜짝 놀랐습니다. 할아버지의 조카 분이었고 2년 전에 이사 와서 살고 있다고 합니다. 35년 만의 재회였습니다.

35년 전 1967년 할아버지는 날 데리고 제주도 마을에서 여름 방학을 지내도록 했습니다. 그때 방문은 너무나 비참한 여행이었습니다. 할아버지의 시골집은 돌을 쌓아 올린 담으로 둘러싸인 초가지붕이었고 벽은 흙벽으로 둘러싼 오두막집 그 차체였습니다. 할아버지의 집 마당에는 닭이 꼬꼬댁하며 울고 있었습니다. 집 현관을 나서면 북쪽에는 황토색 밭이 한라산 기슭까지 펼쳐져 있었습니다. 그 밭에는 적황색의 큰 소가 강한 힘으로 목제 농기구를 끌며 땅을 갈고 있었습니다. 소가 사람과 같이 일하는 동물인 것을 처음으로 보았으며 사람이 생활하는 바로 옆에 마구간이 있고 어디에 쓰이지는 모르지만 소똥을 말려 놓은 것도 놀라웠습니다. 그리고 몸이 왠시 노르세 가려웠는데 그것은 초가지붕 위에 살고 있는 빈데(벌레)에 물려 가려워서 울기만 한 기억이 생생합니다. 전기도 수도도 없고 똑 같은 반찬이 계속 상위에 오르고 왠지 모를 냄새가 역겨워 아무것도 먹지 못했습니다. 가장 힘든 것은 화장실 이었습니다. '오줌'하면 '저기'라고 손가락질 하는 곳은 다름 아닌 집 밖에 돌계단을 올라가 문도 없이 다 보이는 곳이었습니다. 구멍이 보이는 곳에 쪼그리고 앉아 볼일을 보라고 하는 것으로 짐작하고 가보니 구멍 아래에서 흑돼지가 코를 내밀고 나와 있길래 여기가 변소일리 없다고 생각하고 한 번 더 변소를 물으러 갔습니다. 역시 같은 곳을 가리킵니다. "아니 인간의 똥을 돼지가 받아먹는다???"는 것을 알고 쇼크였습니다. 쪼그리고 앉으면 체구가 작은 나는 구멍에 빠질 것 같기도 하고 똥하고 같이 돼지에게 잡아먹힐 것 같아 변소에 갈 수 없었습니다. 말은 안 통하고 밥은 냄새가 나고 변소는 무섭고 해서 나는 매일 "일본으로 돌아가고 싶다"고 울어 모두를 힘들게 했습니다. 35년 전에 재회한 할아버지는 그칠 줄 모르고 우는 나를 위해 "맛있는 걸 만들어 줄게"하며 조금 전까지 마당에서 놀고 있던 닭의 목을 졸랐습니다. 말이 안 통하던 나에게 유일한 친구였던 닭을 아무 얘기도 없이 눈앞에서 목을 조여 죽이는 장면은 지금도 충격이 남아 글로 표현하기 어려운 상황입니다. 나는 전신에서 두드러기 같은 것이 올라왔습니다. 아무것도 먹지 못하고 몸이 가려워 계속 울기만 하는 나를 병원으로 데리고 가 그곳에서 30센티미터나 되는 주사를 맞고 말았습니다. 나는 이미 수두를 했는데 의사가 수두라고 진단해 "난 수두가 아니다"고 외치고 싶었지만 일본어는 통하지 않았습니다. 알고 있는 한국말을 다 말하고 "엄마 엄마"하고 오열을 하며 계속 울었습니다. '엄마'는 그냥 아무 의미없이 한 말이 아니고 "뭐든 좋으니까 도와줘 일본으로 돌아가고 싶다"는 의미였는데 통할 리가 없었습니다.

  35년 만에 만난 할아버지는 35년 전의 나를 기억하고 계신다며 웃으며 말씀하십니다. 그 때 나보다 큰 딸과 한국어를 조금 할 줄 아는 나를 반겨주셨습니다. 올해 83세인데 당뇨병으로 거의 누워 지내는 생활이었습니다. 그래도 오랜만에 만난 것을 기뻐하시며 기념사진을 찍기 위해 잠옷을 정장으로 갈아입고 집 앞에 섰습니다. "이제 마지막이 될 거야"하며 같이 사진을 찍었습니다. "한국은 이향의 땅, 나의 고향은 일본"이라는 것을 각인한 경험도 지금은 '옛날 이야기'가 되었습니다. 마치 타임머신을 타고 인류 문화학의 세상 속에서 헤매고 있는 듯한 35년 전의 여름방학이 있었습니다. 나에게 있어 한국은 "이상의 장소가 아닌 뼈 속까지 그리움의 장소"가 되었습니다. 할아버지는 손녀딸을 트집잡아 울게 하고는 기뻐하셨습니다. 그런 할아버지가 고향에 전기를 설치한 것이 손녀딸에게는 둘도 없이 귀중하고 상상도 못할 선물이 되었습니다. 그래 난 1960년대의 한국의 시골생활을 경험한 몇 안 되는 〈재일한국인〉일지 모릅니다. 해녀들이 바다를 잠수하여 해물 잡는 모습을 하루 종일 보았습니다. 시골 아이들이 물보라가 솟구치는 파도가 거친 바위에서 깡충깡충 뛰노는 것을 경이로운 눈길로 바라보았습니다. 나는 튜브가 있어도 겁이나 할아버지만 꽉 붙들고 있는 연약한 도시 아이였기 때문입니다.

소녀가 본 제주 4·3사건

고양순高良順

　　1944년 2월 일본의 패전이 짙어 짐에 따라 미군의 공습이 격해졌다. 초등학교 2학년이었던 나는 부모님과 살고 있던 오사카에서 조부모님이 계시는 제주도로 큰어머님과 함께 피난을 갔다.

　　얼마 지나지 않아 1945년 8월 15일 일본 통치로부터 조국해방을 고향 제주도에서 맞이했다. 제주시의 중앙 광장인 관덕정을 메운 사람들의 환성의 물결은 지금도 기억이 생생하다.

　　나는 조부모님이 사는 마을에서 1시간 걸리는 신작로를 걸어 시내에 있는 초등학교에 다녔다. 이 길은 전쟁 전에 일본군이 군용도로로 만들어 도로를 따라 군용 비행장으로 쓰던 곳이다.

　　그런 살벌한 도로였지만 마을 사람들에게는 시내 시장으로 연결된 생활도로 이기도 했다. 섬 여성들은 부지런했다. 농부는 밭에서 수확한 작물을 해녀들은 바다를 잠수하여 잡은 전복 소라 등을 시장에 내다 팔았다. 생활은 주로 여성들의 벌이로 이루어졌다. 섬사람들이 오가는 이 도로에는 일상의 생활이 살아 숨 쉰다. 비록 가난하지만 따뜻한 섬마을 생활도 잠시였다. 일본군 대신에 이번에는 미군이 주둔하게 되었을 때부터 신작로는 악몽의

길로 변했다.

"젊은 처자는 말할 것도 없고 여자는 모두 이 길을 혼자 걸으면 안 돼"

마을 남자들이 그렇게 말하기 시작했다. 백주 대낮부터 부녀폭행에 폭력 사건이 빈번히 일어나기 시작했기 때문이다. 게다가 밤이 되면 민가에서는 강간사건도 일어났다. 마을 사람들은 미군의 야만적인 행동을 비난하고 자기 몸을 지키려고 필사적이었다.

손녀딸의 몸의 안전을 위해 조부는 나를 상인들의 수레에 싣고 통학 시켰다.

기후가 온화하고 밝고 따뜻한 이 섬에 암울한 기운의 검은 구름에 휩싸이는 불안을 어린아이의 생각으로도 느끼기 시작한 때였다.

세상에서 말하는 〈4·3사건〉이 일어날 전조였다. 이 사건은 조국이 분단될 수밖에 없는 미군정에 의한 남측만의 단독선거에 반대하는 도민 전체가 내세운 단독선거 보이콧의 첫 시발이 되었다.

이것은 자칫 잘못하면 조국분단의 선거가 될 수밖에 없는 것에 대한 반발이었으며 통일조국을 바라는 도민들의 절실한 의지의 표현이었다.

미군의 탄압이 심해져 청년들은 무기를 들고 산으로 숨었다. 나중에 안 일이지만 중학생이랑 초등학생까지도 청년의 뒤를 따랐다고 한다. 그런 민중봉기에 대한 토벌군의 진압은 작열하기 그지없었다. 섬 전체가 대혼란에 빠지고 도민 20만 명 중 4분의 1이 희생되는 대사건이었다.

어느 날 3명의 청년이 산을 내려와 함아버지를 찾아왔다. 어린 아이인 나에게도 조부모와 청년들이 하는 이야기가 뭔가 심상치 않다는 것을 느꼈다. 청년들은 곧바로 사라졌다. 그 때 할아버지는 뭔가 결심한 듯했다.

1948년 5월 10일 남쪽만의 단독선거 투표일 선거 보이콧을 결의한 조부모와 나는 마당 한쪽에 있는 돼지우리에 숨어 하루 밤을 보냈다. 어른들의 세계는 모르지만 조부모의 심각한 얼굴표정으로 뭔가 큰일이 시작된 것을 느꼈다. 그로부터 섬은 수라장으로 바뀌었다. 소녀의 눈앞에 처참한 광경이 계속 펼쳐졌다. 어느 날 아침 평소와 같이 학교에 가기 위해 신작로로 나왔다. 나의 눈에 들어온 것은 도로를 따라 밭에 굴러다니는 돌맹이 처럼 마을 사람들의 변한 모습이었다. 나는 믿기지 않는 상황을 보고 한 걸음도 걸을 수 없었다. 노인이나 아기를 등에 업은 여자들이 총에 맞거나 죽창에 찔려 피투성이가 되어 쓰러져 있었다.

"이 섬은 도대체 어떻게 되는 것인가." 죄 없는 사람을 마구 죽이고 마을을 불태우고 길을 헤매는 섬사람과 조부모는 한탄과 슬픔 그리고 공포에 젖어 있었다.

그날부터 나는 수레에 몸을 숨기 듯이 해서 통학하였다.

어느 날 학교에 가니 교정에도 연행된 사람들이 앉아 있었다.

"아니 선생님"

내가 가장 따르는 선생님이 새파란 얼굴을 하고 엎드리고 있다.

"선생님을 죽였어"

나는 혼자서 교실 구석에 앉아 울었다. 울어도 울어도 눈물은 마르지 않았다.

이런 일도 있었다. 마을 주위에 돌벽으로 보루를 만들기 위해 어른 아이 할 것 없이 돌을 모으는 등 작업을 하였다. 그때 근처에 있던 소나무 숲에

젊은 남자들의 시체가 일렬로 서 있는 것을 보았다. 어떤 이는 서로 부둥켜 안은 채 어떤 이는 까마귀가 눈알을 파버린 채였다.

시체의 상공을 선회하는 까마귀 떼를 본 충격은 지금도 나의 뇌리에 눌러 붙어 떨어지지 않는다.

섬이 혼란한 가운데 중학교 진학을 눈앞에 둔 어느 날 일본에 있는 부모님이 나를 일본으로 데려다 줄 아줌마를 보내줘서 함께 배를 탔다. 기억은 확실하지 않지만 일본의 도쿠시마德島에서 내렸다. 내려서 10시간 정도 걸어 항구에서 연락선을 탔다. 얼마나 지났을까 연락선은 어느 항에 도착했다. 지저분한 작은 보자기 짐을 소중히 껴안고 하선하는 사람들과 섞여 혼자서 트랩을 내려오는 마르고 새까맣게 탄 검은 얼굴에 더러운 옷을 입은 소녀를 경찰이 가만 둘리 없었다. 나는 당연히 경찰에 보호되었다. 도쿄에서 한달음에 달려온 부모님의 탄원도 소용없이 나는 밀항자로 오무라大村수용소에 40일간 수용되었다. 결국 미성년자이고 일본에 거주하는 부모의 보호가 필요하다는 것을 고려해 나는 소년법 적용으로 석방되었다. 1949년 7월 4년 만에 부모님과 재회했다.

고향 제주도에서 본 〈4·3사건〉그 참상은 반세기가 지난 지금에도 잊을 수 없다.

이 사건은 도대체 무엇이었던 것인가?

왜? 죄도 없는 섬사람들이 그렇게 희생되지 않으면 안 되는 것이었는가?

소녀의 눈에 비친 수라장 같은 제주도의 모습은 마음의 상처로 남아 지금도 뚜렷하게 뇌리에 새겨져 있다.

육아와 학업

서아귀|徐阿貴

　나는 현재 7살짜리 아이를 키우면서 일본 대학원에 재학중이다. 파트타임도 하고 있어 어느 것이 본업인가 물으면 선택할 수 없다. 나에게는 다 소중한 일이기 때문이다. "어떻게 다 할 수 있어요?"라고 물으면 다 대충 대충하고 있으며 주변에 민폐를 끼치면서 하고 있다는 심정을 솔직히 대답 할 수밖에 없다.

　요즘 들어 일하는 엄마에 대한 위화감은 거의 사라졌다. 하지만 〈엄마〉와 〈학업〉은 역시 양립하기 어려운 것에서 다들 놀란다. 20대 전반까지는 학생 신분으로 사는 것도 괜찮은데, 후반에 접어들면 주위의 눈빛이 밥이나 축내는 사람으로 비춰진다. 이런 면에서는 남성 쪽이 훨씬 입장이 곤란 한 것 같다. 기혼이면서 애기 엄마가 대학원을 다니는 것은 두 말할 것 없이 무척 힘들다. 지금까지 많은 사람들로부터 "남편이 이해가 많은 분이군요"라는 말을 무수히 들었다. 면전에서 비난은 아니지만 "남편이 아내의 취미를 허락하고 아무 참견을 안 한다"는 의미로 들린다. 이 또한 가부장제의 한 면이라고 할 수 있다. 한국에서 유명한 여자대학에서 학생은 결혼하면 퇴학해야 한다는 규칙이 있었다고 한다.

나는 부모님 덕분에 대학을 졸업하고 결혼·취업·유학·출산·육아를 경험했다. 나는 재일 한국인 중에서도 얼마 전까지만 해도 대학에 들어갈 정도로 경제적 혜택을 받고 자란 측에 들어간다. 학비를 내준 부모님께 감사드린다. 아버지는 초·중·고를 민족학교에 다녀 대학진학 때 차별을 경험했다고 한다. 그렇다고 해서 교육에 열정적인 것도 아니다 술에 취해 귀가하면 시험공부를 방해 한 적도 많았다. 그럴 때는 유형무형으로 가족의 응원을 받으며 공부하는 일본인 친구와 환경이 다르다는 것을 알고 부럽기도 했다. 대학을 진학했을 때 버블경기의 절정기로 미팅이나 서클 중심의 분위기여서 상당한 위화감도 있었다.

아이 중심의 결혼 생활로 아등바등하면서 살아서 한 번 더 대학에 들어가 공부하려고 결심한 것은 연구에 대한 열망이 (전공은 젠더) 물론 강했기 때문이다. 대학에 들어오기까지 미국과 캐나다에서 유학 때 만난 친구들 중에 아이 엄마가 학교를 다니는 경우가 많았다. 북미에서는 남자나 여자나 아이를 키우면서 학교 다니는 경우가 보통이었다. 유학생도 마찬가지로 한국과 중국에서 온 친구는 아이를 모국에 있는 부모님께 맡기고 부부가 학생인 경우도 꽤나 많이 있었다. 싱글 맘이나 아빠인 학생도 많았다. 큰 대학에는 대부분 보육원이 있으며 학생은 반 어른이 아닌 독립된 개인으로 보고 사회제도도 그렇게 정비되어 있다. 장학금 종류도 일본과 비교해 훨씬 다양해서 재정기반을 확보하기가 싶다. 일본에서 받을 수 있는 장학금은 국적에 따른 장애가 이미 큰 문제로 부상하고 있다. 여기서 나는 젠더 문제를 환기하고 싶다. 내가 아는 한 북미의 장학금은 성적조사는 있어도 가계 상황조사 즉 아버지나 남편의 수입 상황에 따라 장학금이 결정되는 경우는 없었다. 연령제한도 본적이 없다. 대상을 여성으로 제한한 장학금은 보육에 드는 경비까지 항목으로 두고 있다. 이런 것은 현재 일본사회와 비교해 보면 여성에게 유리하다. 대부분의 경우가 경제력이 낮으며 세대 수입이 높더라도 결정권이 낮고 더욱이 육아나 부모님 간병과 같은 가사 등으로 공부에 집중하기 힘든 여성에게 성적기준의 평등한 시스템을 갖추고 있다. 독일에서 열리는 썸머 스쿨에 아이를 데리고 참가하면 현지 유치원에서 위탁보육을 해준다. 어쨌던 나에게는 성이나 연령 가족구성과 상관없이 배우는 모습이 각인 되어 있어 지금도 특별한 것을 하고 있다는 의식이 별로 없다. 그런데 지금 다니고 있는 대학에는 〈젠더론〉 전공 때문인지 나와 같은 아이 엄마가 꽤나 있어 마음 든든하다. 작년에는 베이비 룸까지 생겼다. 물론 어느 사회나 애를 키우며 일을 하면서 학업을 하는 것은 육체적 정신적 경제적으로 힘든 것은 마찬가지다.

여기서 다른 이야기를 잠깐 하면 식민지시기에 일본에 유학한 조선여성 박화성*에 관한 책을 읽은 적이 있는데 그 책에서 지적하듯이 "학업에 충실하려면 독신이어야 한다. 여성에게 있어 가사와 학업의 양립은 어렵다"는 것을 시대를 통틀어 통감하는 바이다. 수많은 소설을 쓴 작가와는 비교도 안 되지만 식민지시기라는 어려운 시대에 이와 같은 여성과 학업에 대한 평가를 내놓았지만 지금도 상황만으로는 별 변함이 없다. 나 자신도 아이가 태어나기 전까지는 아무것도 몰랐다. 이전에 학생신분으로 아이가 있는 친구로부터 부탁을 받은 적이 있는데 거절한 적이 있다. 나는 지금도 그 일을 후회하고 있다.

 지금 나는 재일여성 활동에 관심을 갖고 있다. 그녀들의 활동은 집단내부의 주류가 아닌 여성 활동이지만 기성의 민족과 국가를 위한 활동을 초월한 어떤 힌트가 숨겨져 있다는 것을 생각했기 때문이다. 재일 교포 사회내의 젠더 격차는 당연히 비판되어야 하지만 조사의 원동력은 무엇보다도 여성 활동이 지닌 특유의 풍부한 매력에 있다. 조사를 나갈 때 아이를 데리고 갈 때가 많은데 잘 되는 경우도 있고 잘 안 되는 경우도 있다. 모든 것을 인지하고 할 수 있는 범위 내에서 할 수 밖에 없다. 내가 연구 생활을 계속하기 위해서는 이 방법 밖에 없다. 위치의 한계는 누구에게도 있는 것이라 여기고 이 방법을 나는 오히려 즐기면서 하고 있다. 아이에게도 좋은 경험이 되고 일종의 민족 젠더 교육이 되고 있다고 믿고 싶다.

*송연옥, 「내셔널리즘과 페미니즘의 갈등 박화성의 재평가」, 「20세기를 살아온 조선인」(1998)

고무기님의 눈물

이소가이히로코 磯具ひろ子

히라도平戶의 환상적인 항아리 나카노中野 도자기가 보고 싶다고 마음을 먹은 것은 6년 전이다. 한국의 웅천熊川 도자기 가마터를 보고 나서부터다. 이전에 친구의 권유로 읽은 『갑자야화甲子夜話』의 내용이 떠올랐다. 그 중에서 도요토미히데요시豊臣秀吉가 조선을 침략했을 때 웅천에서 수많은 도공이 규슈九州의 히라도로 끌려와 히라도의 번주인 마츠우라시게노부松浦鎭信의 명령으로 나카노 마을에 가마터를 열었다. 그들은 웅천의 지역 신을 모시고 고향을 그리워하며 접시와 다기를 구웠다고 한다. 도자기 흙은 한국의 웅천에서 갖고 왔다는 기록을 읽고 웅천의 가마터에서 비파색의 도자기 파편을 손에 들었을 때 왠지 가슴 설레였다.

이번 여름에 히라도에 가기로 하고 가이드북이랑 역사 자료를 찾아보면서 나카노 도자기와는 다른 고무기小麥님이 눈에 들어와 묘한 기분이 들었다. 한국과 관련이 있는 듯해 마음 가는 대로 여행에 나섰다. 히라도에 가려면 하카타博多부두에서 출발하는 고속선이 편리하다고 호텔 직원이 알려줬다. 비늘구름은 하카타항 하늘 위를 길게 덥고 있고 바람은 땀으로 범벅이 된 등짝을 기분 좋게 스치고 지나간다. 고속선으로 2시간정도 달려가자 빨간 히라도 대교가 왼쪽에 보이면서 잠시 후에 히라도 부두에 천천히 입항했다.

여관에 짐을 풀고 〈고무기님〉의 무덤을 참배하기로 했다. 짙은 녹색으로 물든 조엽 주목과 황금색으로 물든 벼를 가로지르며 택시로 30분 정도 달렸다. 아기 용 모양을 한 히라도 중앙서쪽에 위치한 네시코根獅子 모래사장이 잘 보이는 언덕 중턱에 고무기님의 묘지가 있다. 묘지 안내 간판은 못 알아볼 정도로 한적한 곳에 서 있었다. 묘지 앞에는 푸른 대나무 화병에 붓순나무가 꽂혀 있다. 조금 기울여진 것을 바로 세워두고 합장을 하고 눈을 감았다. 나무를 스치는 바람소리와 교차하며 들려오는 파도소리에 나는 일본으로 끌려온 그 옛날의 고무기님을 생각하며 상상해 본다.

고무기님은 양반집 규수였을 거야.

5월 5일 단오날 여자아이가 있는 집은 분주한 날이다. 창포로 우려낸 따뜻한 물로 머리를 감는다. 고무기님도 긴 머리를 정중히 감았다. 창포 뿌리를 잘라 그 끝에 연지로 수복壽福을 써서 비녀로 삼았다. 그리고 나서 머리를 땋았다. 머리는 요염하게 윤기를 내며 창포 향기 그윽한 소녀를 더욱 아름답게 내세웠을 것이다. 머리 손질이 깨끗이 정리되고 고무기님은 엄마를 도와 쑥떡을 만든다. 집집마다 여자들이 역병을 피하기 위해 매년 하는 행사로 전해져 내려오고 있다. 이 날은 여자들의 즐거운 축제날이기도 하다. 여자들의 신부수업인 요리, 재봉, 붓글씨도 오늘은 휴일이다. 소녀들은 예쁘게 차려 입고 그네를 타고 하늘높이 힘껏 날아본다. 치맛자락이 바람에 휘날리는 모습은 선녀 같다. 담 너머에는 꽃대를 피운 보리밭이 푸르게 펼쳐져 있다. 막 감은 머리는 그네가 흔들릴 때마다 바람에 흩날리며 코끝에 닿아 간질거린다. 고무기님은 행복에 넘치는 나날이다. 어느 날 갑자기 생각지도 못한 일본군이 쳐들어와 불행에 휩싸인다. 어느 시대를 막론하고 정치나 전쟁으로 농락당하는 여성의 운명은 참담하기 그지없다. 히데요시의 조선 침략의 전장에서 여자들은 폭행과 잔학 행위에 희생됐다고 한다. 조선 여자를 처나 측실로 데리고 가거나 해 아이를 둔 사람도 있었다. 그 당시 수많은 슬픈 이별과 아픈 삶을 당했다는 이야기가 전해지고 있다. 고무기님도 자신의 의지와는 다른 삶을 살아야만 했던 이국 여성이다.

히라도 번주였던 마츠우라가문의 시조는 겐지源氏 이야기의 주인공인 히카리光가 모델이라고 전해내려 오는 사가嵯峨천황의 제18대 황태자 융이라고 한다. 28대째의 마츠우라시게노부는 아들 히사노부久信와 함께 임진왜란 병자호란을 일으킨 고니시유키나가小西行長 군에 가담해 7년 동안 종군한다. 시게노부는 부산항에 상륙한 이후 맹렬한 진군을 감행하여 귀신 마츠우라로 통할 정도로 공포스러웠다고 한다. 평양까지 진군한 고니시군대는 명나라 군대에 쫓겨 부산 근처의 웅천 남산에 성을 쌓고 대치하게 된다. 44세의 시게노부는 어디에 있었는지 알 수 없으나 마산에 축조한 성에 있었는지도 모른다. 마산은 지금의 창원 땅이다. 어느 날 마츠우라의 부하가 보리밭에 숨어 공포에 떨고 있던 소녀를 발견하고 마츠우라시게노부 앞으로 끌고 간다. 잡혔을 당시 연령이나 신분은 몰랐다고 하지만 교양을 갖춘 결혼을 앞둔 소녀였을 것이다. 이 소녀의 아름다움은 보통이 아니었던 것 같다. 시게노부는 청초하고 아름다운 소녀를 전쟁 중에도 가까이 두고 보살폈다. 이름은 곽청이었지만 보리밭에서 잡았다고 해서 후대에 까지 고무기님으로 불리며 사람들로부터 흠모의 대상이 되었다. 시게노부는 아름다운 꽃을 손에 넣듯 고무기님을 여자로 맞이해 애첩으로 두었다. 한편 고무기님의 기분은 부모 자식 간의 나이 차이가 나고 귀신도 잡는다는 적의 무장 마츠우라의 지위야 어떻든 마음이 서로 통할 때가 오기만을 기다렸을 것이다. 그러던 중 고무기님은 아이를 가지게 된다.

1598년 병자호란이 끝나고 시게노부가 쓰시마에서 기후岐富로 향할 때 고무기님은 배안에서 남자 아이를 출산한다. 시게노부는 소문을 두려워하며 신생아를 이키壹岐섬에 버리라고 명하자 고무기님은 울며 자기 손으로 키우겠다며 간절히 청원하지만 들어 줄 리 없다. 절망한 나머지 마츠우라가문의 별 셋이 새겨진 가몬家紋으로 몸을 감싸고 단도를 넣어 밭 끝자락에 내려놓게 된다. 눈물은 마를 새도 없이 흘러내렸을 것이다.

히라도성에 정착해서도 고무기님은 알지 못하는 이국생활에 눈물 마를 날이 없다. 조선 침략 후 수년 전에 아내를 잃은 시게노부는 고무기님을 더욱 총애하게 된다. 그녀는 다시 아이를 가져 남자아이 구라우도藏人를 출산하자 시게노부는 네시고根獅子에 그의 지행지知行地(봉건 시대에 무사들에게 지급되었던 봉토)를 하사한다. 히라도에 와서 시게노부가 사망하는 1601년까지 3년간 고무기님은 시게노부의 측실로 네델란드 부두가 보이는 언덕위의 일각에서 살았던 것으로 여겨진다. 시게노부는 그녀에게 매년 쌀 800식을 내렸지만 그가 죽자마자 250석으로 깎아 버린다. 시게노부가 작고한 후에 고무기님은 머리를 풀고 아들의 영지 네시코로 옮긴다. 질투와 차별에서 벗어나고자 한 것은 물론이고 고향으로 이어진 서쪽바다가 보이는 네시코로 와서 그녀는 안도했을 것이다. 잡혀올 때부터 몸에 지니고 있던 30센티도 안 되는 관음상에 매일 기도하며 지낸 것이 틀림없다. 이키섬에 애간장이 녹는 심정으로 버려두고 온 아들과 고무기님의 애절한 바람이 통했는지 10년 후에 찾게 된다.

버려진 아들을 여행 중의 승려가 주워 이키섬에서 산시로三四郎를 키웠다는 것을 알고 네시코로 불러 두 아들과 오붓하게 수년을 함께 살게 된다. 나중에 다시 산시로는 이키로 돌아가 포경업으로 성공하여 큰 공적을 남겼다고 한다. 시게노부가 죽은 지 42년 후 무궁화가 필 무렵 고무기님도 망향의 그리움을 안은 채 이 땅에서 생을 마감 했다고 한다. 시게노부가 묻힌 사이쿄절의 『사이사쿄귀록』『最教寺鬼錄』(죽은 이의 이름을 적는 장부) 기록장에 〈청악묘방清岳妙芳〉이라는 법명으로 남아있다. 고무기님 〈청악맥묘방대매清岳麦妙芳大師〉는 은 네시코에 잠들고 있다. 묘지는 언덕 위의 경치 좋은 민가와 천수답에 둘러싸인 일각에 있으며 누가 심었는지 세차게 부는 서쪽바람을 막아주듯 큰 계수나무가 떡하니 서 있다. 6, 70센티미터 높이로 쌓아 올린 돌 테이블 같은 사방형의 무덤이 두개가 나란히 있다. 작은 하나는 함께 잡혀온 고무기님의 동생 것으로 여겨진다.

동백과 계수나무가 심어져 있다. 여기서 바라보는 경치는 절경이다. 멀리 보이는 새하얀 백사장에 얇은 비단을 깐 듯한 파도는 부드럽게 몰려왔다 되돌아간다. 지금도 매년 8월 추석에는 고무기님의 무덤 앞에 〈자안화락自安和楽: 장가락·장단〉춤을 올린다고 한다. 오곡 풍요를 비는 장가락은 장이 정鉦이고 가락은 허리에 차는 북소리로 조선의 축제 때 추는 춤과 비슷하다. 망향의 그리움이 식지 않는 고무기님 이었지만 아들은 훌륭한 성인으로 자라 서쪽의 마츠우라가문이라 칭하며 고무기님과 함께하는 사람들이 따랐다고 전한다. 도쿠가와 시대에 들어와 국교가 회복되고 양국간에 사절단 교환이 이루어졌다. 도쿠가와이에미츠德川家光시대(1642년)에 일본으로 온 조선통신사 일기에 "〈이키섬 주인 아내와 그 일족인 마츠우라구라우도의 생모는 원래 창원 출생의 포로자매〉라고 적혀 있다. 믿음직하게 성장한 구라우도는 히라토 마츠우라가문의 대표로 이키까지 마중을 나가 통신사를 접견한다. 이때 어머니 고무기님의 이야기 등을 했지 않을까?

히라도의 밤은 점점 깊어 가고 고기잡이 어선 불빛이 반짝이는 어두운 바다는 이국정취가 물씬 풍긴다. 고향으로 돌아가는 것은 물론이고 방문조차할 수 없었던 고무기님은 어떤 기분으로 이 바다를 바라보았을까? 풍요롭게 펼쳐진 보리밭, 아름답게 땋아 올려주던 어머니의 따뜻한 손과 친족이 모여 즐기던 축제, 쑥떡이랑 장가락의 울림 등으로 실타래를 돌리 듯 끝없는 회상에 젖었을 것이다.

그런 생각에 잠겨 있을 때 파도 소리는 고무기님의 어머니 나라에서 건너온 자장가처럼 끊임없이 들려왔다.

요시오의 나라

호리치호코堀千穂子

    나의 고향은 세계적으로 유명한 도요타 자동차의 본거지인 아이치현 도요타시愛知県豊田市다. 일 년에 세 네 번 귀향할 때마다 중학교 때 친한 친구 몇 명이 모여 날이 새도록 마시고 논다. 중년의 아줌마 아저씨가 되어도 중학교 3학년으로 돌아가 추억이야기로 꽃을 피운다.

    그날도 똑 같았다. 6년 전 6월 나는 서울에서 1년간 어학 연수를 위한 준비를 마치고 10일 후면 떠날 마음의 준비를 하고 있었다. 여느 때와 마찬가지로 친구와 즐겁게 술을 마시고 기분 좋게 취해 돌아가는 길이었다. 시골길은 무섭다며 요시오가 집까지 데려다 주었다. 의리의 요시오는 지금까지 본 적이 없는 온화한 얼굴로 "시간 좀 있어?"라고 물어서 "응? 왜"라고 묻는 나에게 그는 한숨을 들이키며 말을 이었다. "저기 치호코씨가 가는 나라는 나의 나라이기도 해" "뭐라고?"되묻자 그는 계속 말을 이어갔다. "난 하프야"라고 하며 쑥스러운 듯 웃는다. 중학교를 졸업한 후 30년 만에 내뱉은 요시오의 무거운 고백이었다. "난 엄마가 일본인이야"하며 다시 시작했다. "아버지 성은 박이야. 옛날에 이 땅에 아연을 캐는 채굴장 책임자로 많은 조선인을 모집한 모양이야." 일본에 와서 24살이나 차이나는 엄마를 만나 살림을 꾸려 4명의 아이를 낳고 키웠다. 요시오는 차남으로 셋째였다. 아버지는 고국에 이미 가족이 있어서 아이들은 어머니 호적에 올렸다. 그래서 요시오의 국적은 일본이다.

아버지는 자식을 끔찍이 사랑하는 사람으로 술을 마실 때는 언제나 책상다리를 한 채 그 위에 앉혀 양손으로 쓰다듬으며 귀여워했다. 하지만 본가의 대를 이어야 하는 장남인 아버지는 처자식을 일본에 남겨두고 한국으로 돌아가 그 이후로는 두 번 다시 일본 땅을 밟지 않았다. 요시오가 초등학교 3학년이고 막내가 아직 초등학교에 들어가지 않은 때였다. 4명의 아이를 데리고 살아온 어머니의 고생은 이루 말로 표현할 수 없다. 쌀 한 톨 없는 날이 며칠이고 계속되고 형 동생도 배를 곯은 나날을 지금도 잊을 수 없다고 한다. 진학고교에 들어갔지만 대학입학은 꿈도 꾸지 못했다. 빨리 돈을 벌고 싶어 취업희망을 제출하자 담임 선생님이 불러 "너 혹시라도 괜찮은 회사에 취업이 되리라고 생각하고 있는 건 아니지."라고 했다고 한다. 이빨을 깨물고 자력으로 작은 전기 공무점에 취직했다.

20살이 되어 아버지를 만나기 위해 요시오는 현해탄을 건넜다. 규슈시 모노세키下関까지 야간열차를 타고 가서 배에 몸을 싣고 부산에 도착했다. 아버지의 고향이고 요시오의 고향이기도 한 한국. 못 알아듣는 한국말이 들려오지만 요시오에게는 웬지 낯설지 않았다. 열차를 타고 대구에서 내려 아버지가 사는 마을까지 버스를 탔다. 몸짓 손짓으로 길을 물었을 때 우연히도 그 사람은 요시오의 이복형이었다.

10년 만에 만난 아버지를 보고 "아, 늙으셨구나"하며 눈시울이 뜨거워졌다. 집에는 들어가지도 않고 버스 정류장 옆 식당으로 자식을 데리고 들어가 시골 식당밥을 먹으면서 아버지는 일본에 남겨둔 가족의 안부를 조금씩 조금씩 물었다. 그렇게 만난 아버지 모습이 마지막이었다. 수년 후 아버지는 병으로 쓰러졌다는 이야기를 풍문으로 들었다고 한다.

이야기를 끝낸 요시오는 술이 깼는지 멀쩡한 얼굴로 이렇게 말했다. "이런 중년이 되어 네가 나의 나라에 가서 우리나라 말을 공부한다고 하니 정말 기쁘구나. 힘내 열심히 해"

항상 농담을 많이 하는 요시오한테서 듣는 생각지도 못한 고백은 어려움을 넘어 자기의 고향으로 향하는 친구인 나에게 보내는 따뜻한 격려였다. 나 또한 요시오의 나라에 간다고 생각하니 딸랑 혼자 외국에 간다는 불안도 없어지고 기대감으로 가슴 벅찼다. "그렇구나 내가 가는 나라가 요시오의 나라였어. 그래서 우리는 마음이 통하는지도 몰라. 내가 서울에 있는 동안 고국이 어떤가 궁금하면 보러 와 반 년만 지나면 내가 안내 해 줄 테니까"더 이상 가슴이 먹먹해 말을 잇지 못했다.

그해 마지막 날 집중해서 공부하려고 설날에 고향으로 귀성도 하지 않은 채 서울에 머물고 있을 때 요시오가 여자 친구를 데리고 놀러 왔다. 요시오의 손에는 일본 술 2병을 여자 친구는 오세치(일본의 설날음식) 요리를 들고 왔다. 요시오를 서울 한복판에서 다시 보니 떡 벌어진 어깨에 늠름한 얼굴 가느다란 눈매가 지금까지 느끼지 못한 이상형의 훌륭한 〈한국인〉 풍모였다. 시장에서 내가 통역을 해도 모두가 당연하다는 듯이 요시오에게 말을 돌린다. 그때마다 요시오도 가게주인도 당혹한 얼굴로 나를 쳐다봤다. 요시오는 시장에서 대구와 명태를 볼 때마다 "아 이것 어릴 때 자주 먹었어"하며 반가워했다. 아버지께서 좋아하셨던 것 같았다.

요시오는 작년에 30년 이상 근무한 전기 공사일을 그만두고 원하던 농사를 시작했다. 지역 농업강좌에 가서 짓고 싶던 쌀과 보리를 농작하고 있다. 게다가 그의 밭에는 깻잎, 호박, 참외, 고추 등등 한국 야채가 싱싱하게 자라고 있다고 한다. 요시오의 아버지의 나라와 어머니의 나라인 한국과 일본 사이에 묘한 인연과 깊은 관계를 느끼지 않을 수 없다.

재일 조선인의 세계, 영화 『박치기』를 보고

임혜자 林惠子

어제서야 드디어 영화 『박치기』를 보았다. 본 사람들은 모두가 울었다고 해서 망설이다가 보러 갈 용기가 없었다. 그래서 인지 막상 보니 눈물이 안 나왔다. 내가 본 『박치기』의 장면 하나하나가 감동적이기 보다 너무나 익숙한 광경이었다.

『박치기』의 시대적 배경이 1968년으로 그때 당시 여고생이었던 내가 경험한 것이 영화에 그대로 반영된 점 등 충실하게 정말 잘 만든 영화였다. 당시의 시대적 배경을 모르는 세대가 보면 너무 폭력적이며 과장된 면이 있다고 보일지 모르겠지만 막대를 들고 서로 찌르기도 하고 버스를 뒤집기도 하는 것은 고교생에 한한 것만도 아니었다. 70년대 안보를 앞두고 학생 운동의 섹트가 내부분쟁을 반복해 경찰차를 뒤집거나 대립하며 상대편을 마구 공격하던 시대였다.

영화 배경음악 〈임진강〉은 처음에는 림진강으로 오사카에 사는 우리들에게 친숙하다. 교토의 4인조그룹이 노래를 불렀으며 이 노래는 원래 북한 노래로 〈림진강〉이라 하지만 한국에서는 〈임진강〉으로 노래 부르는 것도 금지되었다. 입에서 입으로 전해져 멜로디는 알지만 가사와 기타 코드 메모는 재일 한국인 젊은이들 사이에 몰래 퍼져 나갔다. 〈임진강〉은 재일 한국인 사이에서 조총련계에서 시작해 민단계로 퍼져 나갔다.

영화는 조선고등학생과 일본인 고등학생이 서로 난투를 벌이는 것에 초점을 두고 있어 이 영화를 본 일본사람이 재일 한국인을 어떻게 받아들일지 궁금해졌다. 물론 이 영화 한편을 통해 재일한국인의 모든 것을 알아주기를 바라는 것도 아니며 그렇다고 해서 이 영화에 나오는 조선인이 대표적인 재일 한국인처럼 보여서도 안 된다. 또 다른 재일 한국인의 모습은 보이지 않는다.

실제로 일본사람들은 재일한국인 대부분이 한국어를 할 수 있다고 생각하는 사람들이 많다. 그런 사람들은 당연히 한국국적을 갖고 있으면서 일본 이름을 쓰며 일본어를 모국어처럼 사용하며 살아가는 사람은 아무런 갈등이 없기에 한국이름을 사용하며 한국인임을 밝히며 사는 사람의 갈등을 알 리가 없다. 영화 속 고교생들은 북한 국적으로 이름석자를 사용하고 조선어를 배운다. 한편 일본학교에 다니며 일본어만 배우며 자란 재일 한국인도 있다. 재일 한국인의 모습은 한 가지 형태만으로 일본인과 함께해 온 것이 아니다. 조선조총련과 한국 민단과의 대립은 일본생활에서 매우 일상적인 세계이다. 한국국적인 나는 북한국적 사람과의 접촉 차체가 터부시 되어 알려고 하는 것 자체가 허락되지 않았다. 재일 한반도인 공동체 자체가 서로 가까워지는 것을 꺼렸다. 서로 반목하는 것이 재일한국인의 사회발전에 발목을 잡았다. 최근에 내가 새삼 느낀 것이 하나 있다. 이 영화에 나오는 재일 조선인은 남한과 북한을 구분하지 않고 있다. 두 공동체가 모두 재일 한국인이다. 최근에는 외국인이라 불리는 한국인을 주위에서 자주 볼 수 있다. 그들은 당연히 본명을 쓰고 있다.

요즘 들어 흔히 말하는 재일(해방이전에 일본으로 온 사람)과 처음부터 외국인으로 온 한국인과의 구별이 점점 어려워지고 있다. 재일이라고 하면 〈일본인으로 동화〉가 문제시 되지만 나는 오히려 〈재일의 일반 외국인화〉되는 것을 걱정하고 있다. 오해를 막기 위해 말하자면 〈재일〉의 경우 일본명의 통명과 특별영주자격을 갖는 것이 하나의 권리라고 할 수 있다. 〈재일〉이외에 일본명을 하나 더 가질 수 있는 외국인은 없을 것이다. 〈재일〉의 권리였던 일본명과 본명 둘 다 계속 사용하는 것이 어려워졌다. 그게 잘 못 된 것인가?

개인적인 일이지만 이미 나의 조부는 1960년대 초에 소련은 20세기 말까지 가지 못하고 붕괴할 것이라고 예언했다. 그 이후 조부를 필두로 귀화는 물론 당시 조선인사이의 3대사업이라고 하는 야쿠자 파칭코 술장사를 금기시 했다. 조부는 상거래상 일본귀화를 종용하는 거래처에 대해서는 홀홀 털어버리거나 피했다. 결국 끝까지 귀화하지 않았지만 일상생활에서 일본 통명을 계속 사용했다. 하지만 당시 실인을 본명으로만 등록해야 했기 때문에 계약서나 결제에는 반드시 "○○○○통명○○○본명"을 쓰면서 본명 도장을 눌렀다. 그런 조부 앞에서 벌레라도 씹은 것 같은 상사 직원의 얼굴을 떠올릴 때마다 킥킥 하고 웃음이 멈추지 않았다. 한눈에 봐도 한마디 말만 들어도 바로 알 수 있는 풍모와 말투인데도 조부는 왜 누가 봐도 알 수 있는 일본인 성을 사용했는지? 왜 귀화하지 않았는지? 모른다. 앞을 내다보는 혜안을 가진 조부는 그 당시 이미 〈재일〉이 언젠가는 다른 외국인과 구별할 수 없는 상황을 예측한 것은 아닐까? 조부의 장난기 섞인 일본인에 대한 짓궂은 행동의 의미가 이제야 알 것 같다. 이미 일본국적으로 바꾼 내가 〈재일〉에게 강요할 수 없지만 언제까지가 될 지 모를 통명을 버리지 않고 계속 사용하기를 기대하는 것은 나의 오만일까?

한국이 언제까지 대한민국이고 북한이 언제까지 조선민주주의인민공화국일지 모르지만 통명을 가진 〈재일〉이 "구 일본제국의 신민이었던 조선인"이라는 역사의 산물인 것은 틀림없다.

지금도 마이너리티에 대한 왕따 차별은 〈재일〉에게만 있는 것이 아니지만 일본인의 북한인 한국인에 대한 의식은 크게 변해왔다. 그토록 싫어하던 김치를 일상식으로 먹는다든지 한국 배우 욘사마를 마음으로 좋아한다든지 이 영화를 보러 많은 일본인이 발걸음을 한 것은 변화의 표시일 것이다. 〈재일〉은 지금도 확실히 사회적으로 불리한 위치에 있는 것은 부정 할 수가 없다. 하지만 그 불리한 입장은 나의 기억에 남아있는 수십 년 동안 향상되어 왔다. 거기에는 재일 한국인 조선인만이 아닌 많은 일본인의 노력과 협력이 있었던 것을 잊어서는 안 된다. 일본 국민의 의식은 누군가의 망언이나 정치적 갈등과는 다른 곳에서 성숙되어 왔다고 느껴진다.

그리고 내가 희망을 가지고 있는 것은 한국인도 일방적인 보도에 감정적으로 선동하는 사람이 적어지고 과거의 역사를 일본인과 함께 냉정히 생각할 수 있는 사람을 키우고, 일본인과 한국인이 눈높이를 맞춰 같은 문제를 논의할 수 있게 되었다는 것, 그리고 거기에 〈재일〉도 함께 할 수 있다는 것이다.

국가 간에 무슨 일이 있을 때마다 몸을 위협받는 것은 조선학교 학생만이 아니다. 한국에 있는 일본인 학생도 스쿨버스로 다녀야만 하는 현실, 북한에 있는 일본인 처들이 지금까지 어떤 생활을 해 왔는지 등 아직 함께 해결해야 할 문제가 산적해 있다.

〈재일〉은 일본인들과 가장 가까이 있는 존재이지 않은가 〈재일〉이 내셔널리즘에 이용당하지 않고 〈재일〉로서의 역할을 찾기 바란다. 한국 북한에 대한 의식이 바뀌었듯이 〈재일〉에 대한 시선도 바뀌었다. 불행을 자랑해온 자신의 경우만 소리 높일 것이 아니라 정치에 우롱당한 과거를 인권이라는 시점에서 모두 함께 생각해 나가는 시대를 만들어 나가고 싶다.

색다른 이름의 일본인

김혜란金惠蘭

　　세간의 화재작인 『피와 뼈』를 관람했다. 폭력신과 성묘사가 소문보다 강해 두 눈 뜨고 볼 수가 없었다. 영화종료 후 허탈감과 권태감을 음미하면서 말 할 수 없는 연민을 느끼고 있는 나 자신을 발견했다. 주인공을 그렇게까지 코너로 몰고 가 안절부절 어찌할지 몰라하고 초조하고 분노하는 감정은 어디로 향한 것일까? 그 분노가 재일한국인으로서 일본에 대한 것인가? 그렇지 않으면 태어날 때부터 타고난 한국 북한에 대한 것인가? 또는 국가가 아닌 거리에 있는 사람들을 향한 것인가? 자기 자신이 아는지 모르는지 모르겠지만 주인공의 감정에 연민을 느꼈다.

　　나는 1966년 재일한국인 2세로 도쿄에서 태어나 아무런 차별이나 위화감 없이 집 근처 공립초등학교에 한국명으로 다녔다. 그것은 부모님의 민족에 대한 자부심과 긍지가 있었기에 가능했을 것이다. 확실히 말해 초등학교에서 왕따 같은 게 전혀 없다고는 할 수 없다. 욕이나 약간의 폭력은 있었다고 기억하고 있다. 그러나 나는 그것을 차별이라고 인식하지 않았다. 안경 퉁보 꼬맹이 등 아이들 사이에 이정도 괴롭히고 다투는 형태는 여러 가지로 있다. 모두와는 다른 한국인이라는 특징이 있으면 그것을 말하는 것은 당연하다고 여겼으며, 아이들에게는 같은 레벨의 문제라고 여겼다.

그러던 어느 날 한국인이라고 하면서 몇 명의 아이들이 볼을 던졌다. 그 중에 통명을 사용하는 재일 한국인 남자아이가 있는 것을 봤을 때 그 충격은 지금도 기억하고 있다. "왜 이 애까지"하며 눈물을 흘렸다. 지금 생각하면 그 애 나름대로 자기를 지키기 위해 문제의 초점을 바꿔 자기 자신을 납득시키려 한 지도 모르겠다. 그렇기에 더욱 재일한국인 아이에게 그런 몹쓸 짓을 했나 싶어 깊게 남아있다.

중학교는 기독교계 사립학교에 다녀 나쁜 기억이 거의 없다. 좋은 환경에서 공부하고 자라게 해 주신 부모님께 감사하고 있다. 좋고 나쁜 것을 떠나 "남다른 이름을 가진 일본인"으로 주위도 나도 별 의식하지 않고 생활했다. 중학교 입학식 날 같은 학년에 대만 남학생이 있었다. 그가 "외국인은 두 명 밖에 없나 봐 열심히 하자"며 말을 걸어왔다. 이름 때문에 고생하는 또 다른 한 명이 있다는 것을 알고 마음이 강해졌다. 나도 나이를 먹으면서 "남다른 이름"이 싫은 때도 있었다. 한국어도 못하고 역사도 모르는 내가 왜 일본인이 아닌가 안절부절 못하며 갈등하면서 지금까지 통명도 사용하지 않고 여기까지 통과해 온 나는 주변에 이해 깊은 사람들이 많았기 때문일 것이다.

여담이지만 초등학교 4년이 된 아들이 전날 학교에서 선배가 이름을 물어서 대답했더니 "와~ 멋있는데"라고 했다고 한다. 단 한 번도 "멋있다"라는 말을 나는 들어 본 적이 없다. 아들은 당혹하면서도 기쁜 마음을 숨길 수 없는 모양이다. 이것도 시대의 변화와 환경인 것인가. 아들의 긴 인생은 결코 어둡지 만은 않은 밝은 앞날을 느꼈다.

나는 대학까지 일본인과 섞여 별 고생 없이 졸업하고 취직했다. 취업한 곳은 한국기업 대한항공이었기에 아무런 문제도 없었다. 지금까지와 마찬가지로 "색다른 이름의 일본인"이라는 의식을 가진 재일 한국인이 많은 곳이었기 때문일 것이다. 역시 여기서도 환경에 감사하지 않으면 안 된다.

이처럼 나의 짧은 인생을 되짚어 보면 일본사회와 일본인에 대한 분노를 표현해야 할 요인이 거의 없다. 분노를 느끼지 않는 다는 것은 어쩌면 민족의식을 갖고 있지 않다는 것일지도 모른다. 스포츠 시합에서는 한국을 응원하고 불고기도 김치도 정말 좋아한다. 한류 붐의 한가운데에서 한국을 화제 삼는 것을 듣고 기뻐하고 역으로 범죄와 관련된 한국인 문제는 슬퍼하게 된다. "색다른 이름의 일본인"이라도 나름대로 의식을 가지고 나날이 살아가고 있다. 길고 긴 재일의 역사 속에 분노만이 전부인가. 분노의 화살을 자기 자신도 잃어버릴 정도의 감정의 깊이에는 역시 연민을 느낀다. 우리가 그리고 우리 아이들이 계속 살아갈 일본에서 〈재일〉〈재일〉 힘주지 않고도 〈색다른 일본인〉으로 나름의 의식과 함께 평상심을 갖고 살아가는 것은 안 되는 것일까?

나는 꽃다운 여대생

노계순盧桂順

「학연후지부족學然後之不足, 교연후지곤敎然後知困」배우고 나서 부족함을 알고 가르쳐 본 후에야 그 힘듦을 알게 된다. 내가 다시 배우고 싶다는 생각을 하게 된 것은 이 한 구절에서부터 시작되었다. 조선대학교 역사지리 학부를 졸업한 후에 조선고등학교에서 3년간 교편을 잡으면서 나의 얕고 부족한 지식을 현장에서 느꼈다.

그때부터 수업에 자신감이 없어지면서 학생들 앞에서 미안한 마음에 이른바 양심의 가책을 언제나 안고 있었다. 이 상태로는 안 돼. 더 이상 교단에 선다면 되돌릴 수 없는 큰 오류를 학생들에게 남기는 것이 아닌가 하는 초조한 마음이 교차했다.

여성교사에게 정당한 이유인 〈결혼〉을 구실삼아 나는 퇴직을 결심했다. 짧은 교사생활에 종지부를 찍고 도망치듯 선택한 결혼은 고맙기 그지없었다.

그런데 결혼 생활에서 나는 다시 지식이 부족함을 맛보게 된다. 일본의 초·중·고 대학을 나온 남편이 조선대학에서 조선사를 배운 나보다 조선 역사를 더 잘 알고 있었고 조선어도 더 유창했다. 그의 박식함에 놀라 선망의 대상이 되어 마음이 부풀어 올랐다. "난 모르는 것 투성이다. 다시 일본대학에 들어가 꼭 배워야한다. 꼭 배우고 싶다!"는 기분이 나날이 더해질 뿐이었다. 역사학과라는 전공은 이름 뿐 무엇 하나 제대로 아는 지식이 머리에 들어 있지 않았다. 내가 대학에 재학 중일 때는 사상 교육시간이 많아 전문 지식보다도 사상 강화를 우선시한 시기였다. 당연히 역사나 지리학을 체계적으로 공부하고 연구한 기억이 없다.

비록 대학은 나왔지만 전문지식이 전무해 사람들 앞에 선다는 것은 정말 창피하기 짝이 없는 일이다. 초등학교, 중학교를 일본학교에서 배운 나는 민족의식에 눈을 뜨면서 우리나라의 역사를 공부하고 싶어 조선대학에 들어간 것인데 대체 무엇을 배운 것일까? 한때는 한참 고민했다. 아이를 낳고 키우는 동안 배움에 대한 열망은 더욱 깊어져 갔다. 우리 부부는 육아에 두 가지의 방침을 가지고 있다. 하나는 민족의 정체성을 확립하는 것이고 또 하나는 장래에 일본사회 및 국제사회에 통용되는 인재로 키우는 것이다. 그러기 위해 나 자신이 가정교육을 할 수 있는 입장이어야 한다고 생각해 세 아들을 모국어와 역사 문화를 어떻게 가르칠 것인가를 고심하였다. 원래 교육이라는 것은 학교 사회 그리고 가정에서 이루어지는 것으로 가정교육의 소중함은 두말할 필요도 없다.

결혼 초기에 나는 남편에게 만약 장래에 경제적인 여유가 생기고 육아가 일단락되면 일본 대학에서 배우고 싶다는 희망을 전했다. 그 후로 20년 가까이 지나 장남이 대학 시험을 볼 나이가 되자 나는 지금이 기회라고 생각했다. 때마침 그해부터 교토의 리츠메이칸立命館 대학에서 처음으로 사회인 학생 모집이 있었다. 나는 망설이지 않고 수험을 치르기로 했다. 무심코 "이

것이야 말로 나를 위한 열린 문이다"라며 환호했다.

남편은 좋든 나쁘든 조선민족의 특징을 몸에 익힌 요즘 보기 드문 봉건사상이 강한 사람이다. 약간 포기하는 면도 있었지만 배우고 싶어 하는 사람에게는 배우고 싶은 만큼 배우게 하고, 먹고 싶은 것을 먹고 싶은 만큼 먹게 하는 그의 교육방침은 아이들뿐만이 아니라 나에게도 적용되었다. 그러나 몇 가지 조건을 내 걸었다. 어디까지나 가정 주부라는 것을 잊지 않고 집안일을 소홀히 해서는 안되고 아이의 시험기간에는 휴학해야 한다는 것이다. 여기까지 온 것은 어디까지나 남편의 따뜻하고도 현실적 지원과 아이들의 성원에 힘입어 시험을 보게 되었다. 책상에서 공부와 멀어진 몇 십 년을 생각하면 내심 기가 꺾일 뻔도 했다. 과연 들어 갈 수 있을까? 들어가서도 4년간 계속할 수 있을까? 정말 4년 만에 졸업할 수 있을까? 등등. 여러 가지 고심 끝에 역시 배우고 싶은 일념으로 계속 진행했다. 자기추천이라고 하지만 두개의 논문을 제출해야만 했다. 1차 시험을 통과해야만 2차 필기시험과 면접을 볼 자격이 주어졌다. 1차 시험을 통과하고 2차 시험을 보게 되었다.

막상 시험용지를 목전에 둔 순간 극도로 긴장하여 손이 떨려 이름조차 쓸 수가 없었다. "침착해 침착!"하며 주문을 외우면서 마음을 추스르고 소논문2개와 간단한 영어 테스트를 마쳤다. 마치자마자 온몸에서 힘이 쑥 빠져나간 느낌이었다.

면접에서 뜻밖의 현실적이고 매우 어려운 질문에 내심 "정말 시험 본 게 잘 한 걸까……이래도 안 되면 포기하자"고 마음먹고 돌아갔다. 그리고 발표 날에 아이들은 미리 이렇게 말했다. "이번에 안 된다 해도 당연한 거야. 너무 신경 쓰지 마. 만약 안 되더라도 다른 데서 배울 길은 얼마든지 있으니까"하며 격려해 주었다. 드시어 발표 날이 다가왔다. 합격소식을 듣자 모두가 비둘기가 장난감 총에 맞은 듯한 얼굴을 하였다. 그리고 남편도 역시 걱정스러웠는지 밖에서 전화가 왔다. 합격 소식을 전하자 한순간 목소리가 끊기고 주변의 공기가 멈춘 듯하였다. 얼마쯤 있다가 "잘 됐다. 열심히 해"라고 말했지만 내심 "정말! 합격 했어? 정말이야?"하며 걱정스런 눈치였다.

왜냐하면 같은 해에 장남이 대학에 합격해서 상경채비를 하고 있었고 이어서 차남의 대학 수험도 남아 있었다. 삼남은 의대입학을 목표한 고교 수험생이었기 때문에 나까지 대학에 들어가는 날에는 일가 5명중 4명이 대학생이 되는 상황이다. 경제적으로나 그밖에 여러 가지로 남편에게 부담이 가중되는 것을 알기에 기쁨도 잠시였고 동요의 기운이 맴돌았다. 하지만 배움에 관대한 마음을 가지고 있는 그는 결코 반대하지 않았다. "4년 만에 졸업할 생각 말고 천천히 8년 정도 걸려서 하고 싶은 만큼 공부해도 돼"라는 남편 말을 등에 업고 나는 반짝반짝 〈꽃 같은 여대생〉생활을 시작하게 되었다. 오랜 세월 동안 꿈꿔온 대학생활이 시작 되었다. 쉽게 낙오자가 될 생각은 없었다. 반드시 4년 만에 졸업하겠다는 결의는 바위처럼 단단했다. 하지만 1학년 2학년은 필수과목이 1교시에 수업이 집중적으로 많았고 절대 F학점을 받아서는 안 되는 과목이기도 했다.

엉겁결에 내심 "어떻게 해야 돼"라고 절규하였다.

월요일 오전 5시 기상 다른 가족은 아직 꿈속이다. 소리나지 않게 아침식사 준비와 아이들 도시락을 싸고 아직 어둠이 걷히지 않은 새벽에 전용 자전거로 역까지 달려 전차에 몸을 실었다. 나의 빠른 몸놀림을 보고 50살을 눈앞에 둔 아줌마라고는 상상도 못했을 것이다.

전공은 동양사였다. 조선사를 체계적으로 배울 수 있다는 생각에 선택하였지만, 생각과는 달리 동양사는 중국사 그 자체였다. 당연히 4년간 중국어가 필수여서 무척 힘들었다. 이 나이에 새로운 어학이 머리에 들어올 리가 없었다. 하여튼 외워도 외워도 한번 곁눈질하고 돌아서면 까맣게 잊고 마는……. 정말 힘든 어학공부였다. 드디어 맞이한 중간고사. 아무래도 시험은 역시 긴장의 연속이다. 그런 탓에 시험공부 중에 드디어 고열을 내고 쓰러지고 말았다.

남편이 말하길 「아! 이것은 지혜열이야!」 이렇게 하면서 겨우겨우 2학년까지 무사히 끝내고 1년간 휴학에 들어갔다. 왜냐하면 나의 대학생활은 가족들의 따뜻한 응원이 있어 가능했기에 집안일로 중요한 일이 생기면 그것을 우선시하는 것은 당연했다. 드디어 막내가 수험기간에 들어가 수험생 뒷바라지를 정성껏 해야 했다.

복학해서 3학년 4학년 학년을 거듭 올라갈수록 학생 생활은 즐겁고 매일 희희낙락하며 다녔다. "아! 나는 여대생이야! 하며 환호를 지를 정도로 만족감과 충실감에 가득한 나날이었고 한마디로 표현할 수 없을 정도였다. 뭐니 뭐니 해도 젊은 동급생 그리고 같은 사회인 학생과의 교류는 실제 생활 연령을 의식한 적이 없다. 하물며 학교를 쉰다는 것은 생각할 수도 없었고 학점습득 여하에 상관하지 않고 시간이 허락하는 한 많은 강의에 출석하고 보다 넓고 많은 것을 배울 기회를 얻었다.

같은 사회인 학생층도 다양해 백인백색이었다. 그 중에는 80세의 의학 박사로 전혀 다른 분야인 역사를 배우러 왔다든지, 교직이나 샐러리맨을 정년 퇴직한 사람 등 그들로부터 배우는 것도 많았다. 이 모든 것이 나에게는 지적 심적 재산으로 축적되고 있었다. 가능하면 방과 후 서클활동이나 특별 세미나 같은 합숙에 참가하고 싶었지만 왕복 5시간이나 통학을 하고 있는 나에게는 허락되지 않았다.

3학년 후반부터 4학년까지 드디어 졸업논문을 쓰는 시기에 접어들어 대체 무엇을 주제로 연구를 해야 하는지 큰 고민에 빠졌다. 재일 한국인의 입장에서 본 역사관이었지만 조선고대사나 중세사로 해야 할까……. 결국 나는 자신과 비슷한 처지에 있는 구 소비에트연방 사회주의 체제 아래 있는 동포의 역사를 알고 싶어 「귀화 고려인에 대해서 주러시아 조선인은 어떻게 존재하게 되었는가?」 라는 테마로 정했다. 즉시 자료 수집을 시작했지만 한정된 자료가 대부분 러시아어로 기술되어 있다. 어떻게 하든 내가 읽을 수 있는 자료를 찾아야 했다. 필사적으로 방법들을 찾은 결과. 구소비에트 붕괴 후 한국으로 건너간 학자들의 논문을 찾을 수 있었다. 급히 남편에게 한국에 데려가 달라고 부탁하여 같이 한국 서점에 가서 자료 찾는데 하루 종일 걸렸다. 출판된 자료는 거의 구입했지만 이 자료의 독해의 난해함에 질려버렸다.

그로부터 1년 반 뒤에 날이면 날마다 속절없이 흐르는 시간을 아쉬워하면서 자료와의 싸움이 시작되었다. 무작정 읽고 이해하고 정리하면서 계속 써

내려가면서 자신이 졸지에 대학자라도 된 듯한 착각을 할 정도였다. 그러는 사이에 노안이 급속히 진행되어 돋보기를 다시 맞추기도 했다. 혼자서 고생하고 있는 것을 옆에서 지켜보고 있던 남편은 "어이! 학생 열심히 하고 있어? 괴롭겠지만 즐기면서 하는 것이 좋아"라고 격려인지 놀림인지 한마디씩 던진다. 이렇게 해서 쓴 논문은 바쁘고 지친 남편이 엄격히 검토하고 협력해 준 덕분에 완성되었다.

우여곡절 끝에 드디어 졸업했다. 4년 전 나 자신을 돌이켜보면 한 단계 발전한 착각이 든다. 가족의 협조와 응원으로 해낸 졸업이라 가족에게 뭔가 보답해야 할 것 같아 1년간은 휴학해서 아들의 수험공부 뒷바라지에 매진하면서 일본에서 일어나는 한국인 범죄자들의 재판에 도움이 됐으면 하는 바람으로 법정 통역 자격을 취득했다. 대학을 졸업 할 때에는 학예사 자격을 땄다. 이제부터는 봉사활동이나 사회활동에 참여할 수 있는 준비가 되었다고 자부하고 있다.

그리고 무엇보다도 기뻤던 것은 나의 논문이 대학교수님으로부터 호평을 받아 그해의 학생논문집에 사회인 학생 중에서 유일하게 게재되었다. 이것은 내가 남편에게 주는 감사장이 되었다. 도중에 여러 가지 많은 일들이 있었음에도 불구하고 단 한 번도 대학을 그만두라는 말없이, 따뜻하고 든든하게 때로는 혹독하게 응원해 주던 남편에게 최고의 선물이 되었다. 나의 졸업을 전후해 장남은 재학 중에 한국에 유학 해 모국의 언어와 문화 생활 습관을 몸에 익히고 돌아왔으며, 둘째도 대학졸업과 동시에 한국으로 유학을 했다. 셋째도 원하던 국공립 의학부에 합격하여 우리 집 교육 방침이 열매를 맺는 시기였다.

졸업을 앞두고 담당 교수가 유일하게 나를 대학원 진학을 추천했다. 한 순간 마음이 움직였다. 내가 가겠다고 하면 남편은 분명히 꼭 가라고 하였 겠지만, 더 이상 남편에게 경제적 정신적 부담을 주어서는 안 된다고 생각 했다. 분에 넘치도록 즐거웠고 만족하는 〈꽃다운 여대생〉 생활이었다. 결코 대학졸업만이 최종목표가 아니라 인생은 평생토록 공부하는 것이라고 판단 하고 교수님의 추천을 사양했다. 졸업 한지 5년이 지난 지금 가정주부에 기 반을 두고 모 대학의 시간강사, 법정통역, 기타 재일한국사회의 활동 등 바 쁘게 충실한 일상을 보내고 있다. 대학에서는 비교 문화학 강의를 하고 있 으며, 그 준비과정은 학창시절 이상으로 공부할 때가 많고, 이전에 비해 일 상에서 책을 놓을 수 없는 생활을 하게 되었다. 학문이 무엇인지 드디어 알 아가고 있다. 놀란 것은 학생들을 데리고 한국에 수학여행을 갔을 때 자매 학교와의 교류나 관광지순회를 통한 학생들의 반응이었다. 젊고 참신한 젊 은 세대의 그녀들에게 내가 품고 있던 한국에 대한 민족적인 차별이나 편견 이 조금도 보이지 않았다. 젊은이다운 상큼한 국제 감각과 자유로운 행동만 이 있었다. 조금씩이지만 확실히 일본 사회는 바뀌고 있음을 몸으로 감지했 다. 물론 일본의 역사교육에 관해서 문제점이 해결된 것은 아니지만, 적어 도 우리들의 세대와는 크게 달라졌다.

그러나 아직 한일 간의 사회적 의식에는 많은 문제가 있다. 그것은 법정 에서 통시통역 일을 하면서 깊게 느끼고 있다. 매번 일상과는 다른 긴장과 온몸에 신경을 집중하며 도전하고 있지만, 차질 없이 일을 마쳤다는 달성감

보다 같은 민족의 피고인에 대해 한마디로 표현하기 힘든 복잡한 심경은 횟수를 거듭할수록 늘어났다. 보기에는 평화롭고 풍족한 사회로 보여 한국에서 이웃나라 일본에 찾아왔지만 범죄를 저질러 재판정에 서는 그들의 배경을 들으면 통역을 하면서도 견딜 수 없고 고단함을 느낀다. 피고인이 지식층인 경우는 보통사람 이상으로 법을 알고 있기에 그 죄가 깊은 것을 알고 가슴 아파하는 모습을 볼 때, 여성피고인의 경우 동성으로서 단지 살기 위해 저지른 죄를 문책 받는 모습에 당연히 가슴이 아프다. 하루라도 빨리 조국이 하나가 되어 풍족한 사회가 되기를 바랄 뿐이다.

주변을 둘러보면 재일동포의 고령화에 따라 여러 가지 문제에 직면한 가운데, 이제는 중심적 존재가 된 우리들 2세가 할 일이 많아진 현실에 놀랄 따름이다. 이렇게 충실히 보내는 날들이 신선하고 귀중한 학습의 장이 되었다. 배울 것이 많은 것에 비해 시간이 부족하여 초조감조차 느끼고 있는 요즘이다.

와라비좌 뮤지컬 제비를 보고

주계자朱桂子

　도요토미 히데요시의 침략으로 전국을 짓밟힌 조선은 히데요시 사후 천하를 손에 쥔 도쿠가와 이에야스의 국교 회복 요청에 따라 500명에 달하는 문화 사절단 조선 통신사를 일본에 파견했다. 이것은 '문'으로 '무'에 답한 것이다.

　뮤지컬 '제비'는 400년 전의 조선통신사를 테마로 한 것으로 각본 연출은 제임스 미키씨가 맡았다. 줄거리는 도쿠가와의 세상이 되고 얼마 안 되어 일본이 유일하게 정식으로 '쇼군 외교'를 맺고, 조선으로부터 우호의 증표로 문화 사절단 '조선통신사'를 맞이한다. 그 중 한명이 이경식이었고 향응의 자리에서 문득 10년 전에 익사한 줄로만 알았던 아내와 재회한다. 그러나 오쓰바메燕라고 불리는 춘연은 이미 히코네번彦根藩의 무사 미즈시마 젠조와의 사이에 아이까지 있는 몸이었다. 경식과 젠조사이의 사랑과 두 나라 사이에서 고뇌하는 춘연이다. 머나먼 고향 생각에 해변에서 춤을 추고는 너무나 괴로운 나머지 목숨을 끊는 이야기다.

　이 공연은 한국의 대도시 서울, 부산, 광주 등에서 열렬한 환영과 호평을 받았다고 한다. 나는 5월에 친구와 치바에서 보았다. 때마침 항간에 TV 라

디오 신문에서 '납치' '납치'라고 하는 두 글자가 나돌던 때였다. 히데요시가 침략을 했을 때 몇 만 명의 조선 사람들이 납치되어 왔다. 지금에 와서는 알 수도 없지만 하스이케蓮池씨나 하루츠바春つば씨와 같은 입장의 몇 만 명의 개인의 비극이 있었을 것이다. 여러 가지 사건이 오버랩 되어 눈물이 멈추지 않았다.

'제비'는 2001년에 만들어졌으며 납치 문제를 예상하고 쓴 것은 아니다. 2003년 3월 7일 동양경제일보의 인터뷰에 대답한 제임스 미키씨는 다음과 같이 소개하고 있다.

NHK의 대하드라마 '8대 쇼군 요시무네'의 각본을 쓰고 있을 때 조선통신사를 조사한 것이 직접적인 계기가 되었다. 돌이켜보면 국어학자인 나의 조부가 전쟁 전에 "일본어는 조선어에 기원을 두고 있고 일본어는 한국어의 영향으로 탄생했다."는 논문을 썼다. 하지만 인정받지 못해 결국 출판은 커녕 유감스럽게도 빛을 보지 못하고 사라졌다. 그런 것도 나의 머리속에 남아있어 국가의 체면을 생각해 숨겨진 것이 많이 있는 것은 아닐까? 여러 의문을 품고 연구하기 시작했다.

'문'으로 '무'에 응대했다는 것은 나에게 굉장히 신선한 인상을 안겨 주었다. 이 말은 아라이 하쿠세키新井白石가 조선 통신사를 상징하는 말로 유명하다. 무력에는 무력으로 응대하는 것이 일반적인 방법이며, 학문이나 예능인 '문'으로 어떻게 대응할 수 있다는 것인가. 누구나 생각할 수 없는 것이었다. 하지만 도요토미 히데요시의 '무'에 대해 '문'으로 대응한 것이다. '무'가 '문'을 무너트리고 있는 듯한 지금의 살벌한 세계정세를 보고 있으면, 인류에 대한 교훈으로 굉장히 멋진 말이 아닌가 하고 생각한다. 이런 점에 초점을 두고 쓰고 싶어졌다고 한다.

나의 아버지는 41년 전 일본인 아내(나의 어머니)와 한국 고향에 이미 결혼한 아내(오빠의 어머니)를 남기고 이국의 땅 일본에서 병으로 쓰러졌다. 모국으로 곧 귀국을 앞 둔 터라 유감스러운 죽음이었다.

아버지는 1908년 생으로 조선이 일본의 식민지가 되기 전에 태어났다. 1912년 조선총독부는 악명 높은 '토지조사령'을 발령해 근대적 토지 소유의 확립이라는 이름하에 농민으로부터 차례로 토지를 빼앗았다. 토지 등록을 기한까지 하지 않았다는 것만으로 몰수당하고 토지를 확보한 농민도 경작한 쌀을 세금으로 지불하게 해 세금 미납자는 고리대금을 물려 농지를 수탈했다. 그 결과 토지를 잃은 농민은 간도(지금의 중국의 동북부)나 일본에 유랑민이 되어서 건너 갈 수밖에 없었다고 한다. 아버지도 그들 중의 한 명이었다. 조선에서 결혼했지만 생활이 궁핍해서 아이가 굶어 죽었다고 한다. 아이들을 먹여 살리기 위해 젊은 시절 몇 번이나 일본으로 돈벌이를 온 것이다. 조선이 해방되고 아버지는 가족이 기다리는 고향으로 귀국하기 위해 시모노세키下関로 갔을 때 동향 친구가 아버지가 타려고 한 배에서 내리면서 운명의 만남은 시작되었다. "나라(고향)는 아직 혼란해서 돌아갈 때가 아니다. 조금 진정될 때까지 일본에 있어야 해."하며 되돌아 온 이유를 듣게 된다. 아버지는 그 이후 두 번 다시 조선의 땅을 밟을 수 없게 될 것이라고 꿈에도 생각하지 못했을 것이다.

아버지는 해방 직후의 혼란 속에서도 그 당시 많은 사람이 종사하고 있던 밀조주로 생계를 유지하며 조선에 사는 가족에게 생활비를 보냈다. 그때 근처에 살고 있던 이모는 아버지가 있는 곳에 쌀을 대주고 있었지만 도와줄 사람을 찾는다는 부탁을 받고 같이 살고 있던 어머니를 소개하게 된 것이다. 아버지와 어머니는 이렇게 해서 만났다. 아버지는 38세 어머니는 21세였다. 이것도 또한 운명의 만남이었다. 시나가와品川에서 공습을 당해 가족을 모두 잃었다는 말을 들은 어머니는 그것을 믿어버렸다. 만족스럽게 먹을 수 없는 식량난의 시절에 백미를 먹게 해주는 것만으로도 기쁜데 신발을 사주거나 영화를 보여주는 아버지의 꼬임에 넘어간 모양이다. 어릴 때 부모의 정을 모르고 자라온 어머니는 다정하게 대해주는 아버지가 부모님처럼 믿음직스러워 점차 마음이 흔들렸던 것 같다.

이렇게 해서 만난 지 2년 후에 내가 태어났다. 조선에 가족이 있는 것을 어머니가 안 것은 나를 낳고 나서였다. 헤어지려고 생각했지만 이미 양부모를 잃은 상태였고 상대가 조선인이라며 언니가 결혼을 반대해 온 탓에 사실상 의절 당해 집을 나온 어머니는 젖먹이를 엎고 혼자서 살아 갈 용기가 없었다. 아버지는 사람이 너무 좋아서 장사와는 거리가 멀었다. 친구가 돈을 빌리러 오면 '없다'고 거절하지 못하고 팔아야 하는 상품인 술을 줘버리는 사람이었다. 친구가 찾아오면 가진 돈도 없으면서 있는 척하고 푸짐하게 대접을 해 그 때마다 어머니는 전당포로 달려갔다고 한다. 장사는 전부 실패하고 내가 4살 때 동포가 경영하는 영세기업의 샐러리맨이 되었다. 수입이 적어 생활은 계속 어려웠지만 고향에 남은 가족에게도 생활비를 보내야 했기에 더욱 힘들었다. 집에서는 닭을 키우거나 구멍가게를 꾸리는 등 어머니도 계속 일을 했다.

아버지는 가족 모두를 데리고 고향으로 돌아갈 계획을 나름 세우고 열심히 일했다. 어머니는 어머니대로 전처가 있는 곳에 자신은 절대 돌아가지 않겠다고 생각하고 있었다. 아버지는 비밀리에 배를 타기 직전에 동생만 데리고 도망치려는 각오를 하고 있었다고 한다. 그러나 갑작스런 아버지의 죽음으로 아버지의 꿈도 계획도 남겨진 채 우리들의 인생도 완전히 달라졌다. 아버지의 죽음을 안 고향의 어머니는 땅을 치며 통곡했다고 한다. 돈을 벌러 나가서 금의환향을 기대한 남편이 뼈가 되어 돌아 왔으니 그 슬픔과 분함은 상상할 수가 없었을 것이다. 고향의 언니나 오빠도 아버지와 만나는 것을 기대하며 살아 왔을 터인데 얼마나 분하고 괴로웠을까? 오빠가 아버지와 헤어진 것은 6살 때이다. 오빠는 아버지와 만나고 싶다는 일념으로 18살 때 일본으로 밀항을 할 정도였다. 규슈에 상륙은 했지만 발각되어 오무라 수용소에 수용되어 아버지와의 12년만의 재회는 그저 서로 안고 우는 사이에 면회 시간은 끝나버렸다고 한다. 아버지와 어머니는 수용소에서 오빠를 빼내기 위해 서명 운동을 하거나 많은 돈을 들여 구출 활동도 했지만 허무하게도 2년 후 형은 한국으로 강제 송환되어 버렸다.

아버지가 돌아가셨을 때 나는 15살이었다. 초등학교 6년간 민족 교육을 받고 조선어를 배웠다. 그때부터 시작된 고향에 있는 오빠와의 편지는 지금도 이어지고 있다. 어렸을 때에는 연인처럼 빈번하게 편지왕래가 있어 답장을 손꼽아 기다리기도 했다. 장례를 치르고 1년 뒤 염원하던 아버지의 묘를 참배 했다. 아버지가 태어나고 자란 땅을 드디어 밟았다. 오빠나 오빠의 가족, 이미 죽은 언니의 아이들, 일가친척과 모두 만나고 돌아왔다. 비행기를 타면 2시간여 만에 도착하는데 너무나도 만나고 싶어서 꿈에서까지 만난 오빠인데 40년 동안 한 번도 만날 수 없었다. 오빠는 한국 전매공사의 공무원이었고 나는 총련계의 민족 금융기관에서 일하고 있었기 때문에 이쪽에서 가는 것도 오빠가 오는 것도 할 수 없었다. 제비는 자유롭게 바다를 건널 수 있지만 우리는 눈에 보이지 않는 큰 장벽이 있어서 만날 수 없었던 것이다.

미키씨는 또 다음과 같이 말하고 있다. "외교나 군사는 나라를 대표하고 있어 대립관계이다. 이해관계로 국익을 따져 경제도 정치도 대립한다. 종교 민족 인종도 대립하지만 문화만은 대립하지 않는다. 예를 들어 우리가 소설을 읽으면 남녀의 연애감정, 부모자식간의 애정은 국가나 제도가 달라도 개인의 생활에는 별 차이가 없다. 적국의 문화여도 좋은 음악은 좋은 음악이고…… 문화는 대립 없이 서로 이해할 수 있는 유일한 창구이지 않는가? 라는 생각이 든다.

다시 이야기를 돌리면 당시 선진국인 조선은 그것을 알고 조선통신사를 통해서 자신들의 문화를 전달하고 보여주려고 했다. 최초의 통신사 500명은 건너가서 살해당할지도 모르는 일본에 왔다. 놀랄 만한 것으로 히데요시의 침략으로부터 불과 9년 뒤에 조선과 일본의 국교는 회복했는데 북조선과 일본의 국교는 58년이 지나도 아직 회복할 기미가 안 보인다. 이것은 정치의 태만 아닌가?……"

지금 일본은 한류의 파도에 출렁이고 있다. '겨울연가'에 열광하는 팬이

수만 명에 달한다고 한다. 이 기세는 물론 기쁘기도 하지만 당혹감도 숨길
수 없다. 어느 부인이 "한국의 배우는 기품이 있네요"라고 말했다. 불과 10
년 전까지만 해도 생각할 수도 없는 말이었다. 한국인 조선인이라고 하면
언제나 더럽다, 냄새 난다, 야만이다, 이 세 가지가 셋트로 따라다녔다고 생
각한다. 국경을 초월한 문화 교류 그것도 치밀한 문화 교류가 얼마나 중요한
가를 알 수 있다. 국가도 사람들의 집단이다. 한 사람 한 사람이 상대를 이
해하려고 노력하면 한·일 남·북도 사이가 더 좋아질 수 있다고 생각한다.

제비(춘연)역의 츠바키 치요씨의 치마저고리 모습은 너무나 아름다웠고
한을 품은 슬픔은 춤을 통해 잘 표현되었다. 이경식역의 콘도 스스무씨도
갓(말의 꼬리털이나 대나무로 엮은 귀족이 쓰는 삿갓)을 쓴 통신사역 또한
늠름하고 기품 있는 행동거지는 정말로 양반과 같이 우아했다. 아마도 거듭
맹연습한 결과이겠지.

……연민의 시신에 목숨의 불을 켜고 아련한 희망을 안고 제비는 남쪽을
향한다.
라고 노래하는 아리랑도 멋있었다.

나는 무대 위의 춘연 쓰바메의 괴롭고 슬픈 모습을 통해서 먼 과거의 어
머니와 지금은 돌아가시고 안 계신 고국의 어머니의 슬픔을 생각하지 않을
수 없었다. 피날레에서는 조선의 북과 일본의 북이 서로 울려 퍼지는 사이
치마저고리를 입은 사람, 양반의 모습을 한 사람, 사무라이의 모습을 한 사
람, 선원이 무대에 올라왔다. 그들은 순에 손을 잡고 우리들에게 말을 걸듯
이 깊이 인사를 했다. 객석에서 우뢰와 같은 박수가 터져 나왔다. 공연장은

무대와 관객이 하나 되어 감동의 소용돌이 한 가운데 있었다. 무언가 뜨거운 것이 치밀어 올라왔다. 또한 미래의 조선과 일본이 문화 교류를 통해 화해하는 희망의 빛도 보였다.

김선생님이라 불리면서

김수자金寿子

2004년 1월 14일 지역 초등학교 교장선생님으로부터 한통의 전화가 왔습니다. 한국에서 일본어를 전혀 모르는 형제가 전학을 왔는데 말이 안 통해 수업 도중에 두통이 생기고 토할 것 같아 집으로 귀가 조치하는 일이 있었다는 사정을 전하며 통역겸 공부를 가르쳐 달라는 의뢰였습니다.

나와 남편은 항상 사회에 도움 되는 일을 하고 싶다고 생각을 해오던 참에 곧바로 교장선생님과 면담을 하고 학생을 돌보기로 했습니다. 다음 날부터 바로 시간표를 건내 받고 5학년인 M군은 남편이 2학년의 L군을 내가 맡기로 하고 우리는 각각 교실에 들어가 자기소개를 했습니다. 나의 이름은 김수자이고 일본에서 태어난 재일한국인 2세이며 4명의 자식들이 이 학교 졸업생이라는 것을 말했습니다. 교실의 분위기를 파악하는 것과 선생님의 가르치는 방법 및 학생과 친숙해 지기 위해 4시간을 학생 옆자리에 앉아 수업을 들었습니다. 선생님도 학생도 친근감이 가서 기뻤습니다. "안녕하세요?"하고 인사를 하면 힘찬 목소리로 "안녕하세요"하며 답례를 합니다. 만나는 것이 즐거웠습니다. 그 중에서 흥미가 있는 학생은 한글로 숫자 세는 것을 가르쳐 달라고 해 일, 이, 삼 하며 종이 막대를 만들어 놀면서 외웠습니다.

지금까지 배우는 기회는 많았습니다만, 가르치는 경험은 처음이라 어떻게 하면 알기 쉽고 즐겁게 일본어를 외우게 할 수 있을까 고민했습니다. 잠자리에 들어서도 좋은 아이디어가 떠오르면 바로 메모를 남겨두거나 여러 방법을 시도 했습니다 .먼저 〈あ ア는 ㅏ〉라고 한 장의 카드를 만들어 세 번 접어 카루타 카드 찾기처럼 놀이를 넣어 글을 익히고 읽게 해서 뜻을 한국어로 알려줍니다. 나의 말투가 사투리가 강해 때로는 잘 못 알아들어 무슨 뜻인지 통하지 않는 경우도 있었지만 그럴 때는 재미있다며 웃으며 즐거워했습니다.

수업 시작시간이 10시부터라 1시간은 별실에서 기다리며 손자의 공부모습을 바라보듯 학습에 익숙해지도록 분위기를 만들었습니다. 하루라도 빨리 일본어를 잘 하기를 바라며 열심히 가르쳤습니다. L군이 두통이 사라지고 친구와 간단한 말을 나누며 신나게 노는 모습을 보며 안심했습니다. 아이들의 일본어는 정말 빨리 늘었습니다. 베테랑의 여선생님은 항상 나의 말에 귀 기울여 주었으며 L군의 반응에도 빨리 대처하고 이해하며 여러 가지 일을 솔선해 나갔습니다. 그러면서 나쁠 때는 야단도 치고 칭찬을 할 때는 기분 좋게 칭찬해주는 동안 시간이 지나자 말이 통하기 시작했습니다.

배운 날이 많지 않지만 글자도 잘 쓰고 있고 산수 계산은 빠릅니다만 응용문제는 문제의 뜻을 몰라 시간이 필요한 것 같습니다. 이해를 하면 답이 바로 나옵니다. 다른 과목도 나름대로 따라가고 있고 즐겁게 받아들이고 있어 안심입니다. 언제부터 인지 내가 교실에 들어가면 학생들이 "안녕하세요"

하며 인사를 정중히 합니다.

　남편이 돌보는 M군은 친구 관계도 좀 어렵고 말이 안 통해서 오해가 생기기도 해 30대의 젊은 남자 선생님이 곤란해 한 적도 있었습니다. 그런 일이 있으면 아이 부모님과 이야기를 나누며 하나씩 해결하며 교실 안에서 즐겁게 생활할 수 있도록 모두가 노력했습니다. 전자사전으로 일본어를 한글로 변환하면서 대화해 보기도 하면서 열심히 대응해주시는 선생님께 남편도 감동을 받았습니다.

　일본어는 한자가 많아 외우기가 정말 어렵다고 생각합니다. 1학년에서 6학년까지 천자 정도를 외워야 하는 힘든 공부입니다. 남편은 강제로 일본어를 공부한 세대여서 한자를 한글로 읽을 수 있어 많은 도움이 되었습니다. 4시간을 교실과 별실에서 가르치고 있으면 국어가 가장 필요한 과목이고 사회내용을 설명하기가 어려웠습니다. 산수계산은 빠르지만 역시 응용문제는 의미를 몰라 시간이 걸립니다만 뜻만 알면 금방 풀었습니다. M군의 할아버지보다 나이가 많은 남편한테서 배우는 걸 좀 지겨워하는 모습도 보였습니다만, 우선은 말을 마스터 하는 것이 가장 중요하다고 여겨 성심성의를 다 했습니다. 위로와 격려 속에 3학기를 무사히 마쳤습니다. 6학년으로 올라가면서　담임도 같은 선생님이라며 좋아합니다. 연휴가 끝나고 남편이 다시 가르치게 되어 네 과목의 교과서와 3학년 교과서까지 빌려와 나와 함께 예습을 하고 있습니다. 오랜 시간 학교와 관계없는 생활이었기에 교과서를 다시 읽으면서 신선한 기분을 맛 볼 수 있습니다. 내가 배운 내용과 많이 달라 당혹하면서도 아이들이 사용하는 사전에 의지하며 열심히 교과서를 읽고 있습니다. 오히려 내가 배울 것이 많아 좋은 기회라고 생각하고 있습니다. 학교전체가 한국 학생에 대한 이해를 많이 표하고 있습니다. 나도 본명으로 참가해 마음을 열고 선생님들과 마음 편하게 이야기를 나눕니다.

한류 붐의 영향도 커 여러 선생님들이 한국 드라마와 영화를 보고 있습니다. 때로는 스타의 먹거리나 영화내용까지 화제 거리로 옮겨져 뜨거워집니다. 드라마의 일본어는 감정 전달이 부족하다며 한국어로 대사를 듣고 싶다며 한글을 배우기 시작한 사람도 있습니다. 예를 들어 〈사마様〉가 붙는 글자가 뭐냐고? 물으면 욘사마라고 일제히 대답하는 학생을 보고 수업 참관에 온 학부모들도 웃음꽃이 피었습니다. 시대가 많이 달라졌습니다.

나는 사진 찍는 것을 좋아합니다. 가까운 강변을 산책하면서 변해가는 풀꽃 그리고 강의 모습을 찍고 있습니다. 3년 전부터 가루오리가 가족을 데리고 새끼를 키우고 있습니다. 너무 귀여워 마음을 빼앗겨 아침 점심 저녁 관찰하고 있습니다. 어미오리가 새끼오리를 대하는 자세는 진지해서 조금이라도 위험을 느끼면 바로 풀 더미로 모습을 숨기고 안전을 확인하고 나서 먹이를 주고 놀게 하는 등 알뜰하게 보살핍니다.

2002년 7월 31일 처음으로 어미오리와 새끼오리 8마리와 만난 다음부터 아장아장 어미오리를 따르며 산책하거나 날개가 점점 자라 날 수 있게 된 9월 17일까지 기록하였습니다. 모든 것을 카메라에 잡을 수 없어 안타까웠습니다만, 그 날은 고이즈미 수상이 북한에서 조인한 날입니다. 이듬해는 12마리의 새끼를 거느리고 있는 가족사진을 찍었습니다. 그런데 불과 3일 만에 5마리 일주일 만에 3마리만 남아있더니 날개가 다 성장하기까지 2마리가 남았습니다. 그 다음해는 7마리의 새끼와 어미가 나타났습니다. 사람을 겁내지 않고 빵조각을 던져주면 가까이 와서 먹었습니다. 사진도 많이 찍어 기분 좋은 하루였습니다. 하지만 새끼오리는 일주일 만에 3마리로 줄어 날아가는 모습을 기록할 수 없었습니다. 매년 다른 가루오리 가족을 비교해서 이야기를 들려주는 것을 알게 된 선생님이 3학년 수업시간에 도움이 된다며 한 시간 동안 수업을 해 달라고 부탁이 왔습니다. 사진을 확대하고 일기를 편집해 알고 있는 모든 것을 이야기 했습니다. 그리고 네잎클로버의 압화押花를 한 잎에서 일곱 잎까지 보여주고 책갈피를 만들어 모두에게 나누어 주었습니다. 다음은 취부용酔芙蓉이야기를 했습니다. 아침에는 흰색 낮에는 핑크 저녁에는 주홍색으로 변하는 꽃 사진을 보여주자 흥미 진지한 눈으로 열심히 이야기를 들어주었습니다. 그리고 나서 얼마 후 고맙다는 인사 편지를 학생으로부터 받았으며 내년에도 부탁한다는 말에 약속까지 했습니다. 6학년 사회과목에 "외국을 아는 시간이 있으니 한국 북한을 공부하기 위해 재일 한국인의 이야기를 듣고 싶다"는 의뢰를 받았습니다. 좋은 기회라 생각되어 하기로 했습니다. 새삼 나의 삶을 되돌아보며 기록을 계속하게 된 것은 이번이 처음으로 한 경험이라 자신을 돌이켜보면서 그리움과 괴로움이 겹쳤습니다. 그리고 즐거웠던 추억이 되살아나 이 기획에 감사하고 있습니다. 45분은 짧게도 길게도 여겨져 학생들이 이해 할 수 있을까 불안하기도 했습니다만, 이야기가 무사히 끝나고 나서 희망자에는 치마저고리 시착을 하고 기념 촬영도 하였습니다. 내 방식의 레시피로 부침개 만들기에 도전해 맛있게 먹었습니다. 김치 부침개는 처음인지 의아해하면서 집에서도 만들어

보겠다고 입을 모아서 참으로 기뻤습니다. 「겨울연가」의 열풍이 아직 가라앉지 않고 연이어 유명배우들이 일본을 방문하는 등 열광 속에서 연예계의 인기소동은 계속되고 있습니다. 기쁜 반면에 한쪽에서는 반일 운동이 일고 있어 가슴이 아픕니다. 바른 역사를 양쪽에서 다시 공부하기를 바랍니다. 한·일 국교수교40주년 기념을 맞아 나는 재일 한국인으로 한류 붐이 인간다운 우호 우정友情·유정有情이 자식과 손자세대에 계속되기를 믿고 이어가고 싶습니다. 한국에서 온 형제의 인연으로 학교선생님과의 교류가 가능했고 학생들과 접촉할 수 있는 기회를 가져 조금이라도 도움이 되어 정말 기쁩니다. 학교 밖에서 나를 만나면 "김선생님"하며 큰소리로 말을 걸어옵니다. 중학교 졸업의 내가 선생님 소리를 들으면 부끄럽기도 합니다만, 기뻐서 기분 좋은 울림이 가슴 가득 전해오는 것을 부정할 수 없습니다. 환갑을 지나 사회에 도움이 되는 일이 있어 행복을 되새겨 보는 나날입니다.

나자레원을 방문하고

하타케후미요畑史代

한류 붐이 화제가 된 지도 오래됐지만 한국 드라마 음식 쇼핑 이외 조금 이라도 한국에 흥미를 가지고 계신 분 특히 중년이상의 분들은 〈경주 나자 레원〉 이름을 어디서 들어 본 적이 있을 것입니다.

20여년 전에 가미사카 후유코上坂 冬子씨가 『경주 나자레원-잊혀진 일본인 아내들慶州ナザレ園忘れられた日本人妻たち』,(中央公論社, 1982, のち中公文庫)을 출판해 당시 언론에서 크게 거론되었습니다. 나도 이 책을 통해서 나자레원의 존재 그리고 전쟁 전·후로 남편과 함께 한반도로 건너가 일본에 돌아가지 않고 그대로 한국에서 곤궁한 생활을 보내는 일본인 아내가 많다는 것을 알았습 니다.

내가 이 나자레원을 방문한 것은 우연한 일이었습니다. 이전에 활동하던 〈한일여성 합창단〉이 지난해 가을 1999년에 이어 세 번째 한국 위문연주 여행을 가게 되어 이 여행에 동행하게 되었습니다. 내가 친하게 지내는 친구 이지 단원이 어머니 병간호 때문에 갑자기 참가하지 못하게 돼 갑자기 충원됐 습니다. 합창에는 참여하지 않았지만 내가 대신 가게 되었습니다. 나자레원과 거제도에 있는 애광원 위문 그리고 고도 경주 관광도 있고, 합창단 지휘자 김정래씨를 비롯해 단원 중 몇몇은 친분도 있고 해서 참가신청을 했습니다.

작년 10월 10일부터 13일까지 3박 4일간의 여행이었습니다. 출발 전야 관동지방에 태풍이 상륙해 비바람으로 흐린 날씨였지만, 부산 경주는 쾌청한 가을하늘로 천고마비의 계절이었습니다.

나자레원은 한 번은 꼭 찾고 싶은 곳이면서도 마음과 고향을 떠나 이국땅에서 여생을 보내는 일본여성을 생각하면 왠지 마음이 무거워지는 곳입니다. 처음 여정에는 10월 12일 오전 중에 나자레원을 방문하려고 했지만, 원의 사정으로 오후 2시에 가게 되었습니다. 우리들은 오전 중에 천마총 석굴암 불국사를 둘러봤습니다. 단풍은 조금 이른 시기였지만 20년 전에 내가 처음 방문했을 때와 거의 변함없는 풍경에 안도했습니다. 불국사를 나와 버스로 20분정도 달린 뒤 살풍경의 좁은 길을 몇 분 걷자 건물이 보였습니다. 원에 도착해 송미호 원장님의 영접을 받고 즉시 원의 개요를 담은 비디오를 보았습니다. 창설자인 김성룡씨가 등장하는 비디오라 상당히 오래된 것으로 보입니다. 보고난 뒤 강당으로 이동하자 이미 입소자가 모여 있었습니다. 방 오른쪽 일각에 수십 명의 일본부인들의 모습이 보였습니다.

나자레원은 이전부터 한국인 대상의 양로시설이었던 곳을 그 일부를 일본인 부인들이 살고 있는 형태였습니다. 이번 여행을 위해 〈한일여성 합창단〉은 일본 노래 3곡과 한국 동요 9곡을 마련했습니다. 이 합창단은 평소 연습에서는 주로 한국가곡을 한국어로 노래 연습을 합니다. 일본인 중에서 한국어를 이해하는 사람도 많고 한국노래를 일본어로 번역할 정도로 한국어를 잘하는 사람도 있습니다. 대표가 인사를 하고 먼저 노래의 내용을 소개하고 합창하는 도중에 군데군데 실수하거나 막히기도 했지만, 그 부분은 지휘자 김정래씨가 노련함을 발휘해 화기애애한 분위기를 만들었습니다. 〈사쿠라〉〈토오랸세〉〈오에도 니혼바시〉 3곡을 연달아 불렀습니다. 뒤에서 보면서 일본부인 몇 명이 함께 노래하고 있는 것을 알 수 있었습니다. 리듬을 타면서 일심불난 하게 노래하는 분도 있었습니다. 한국 동요가 시작되자 한국인 입소자가 손장단을 치며 즐겁게 노래하면서 예기치 않게 자연스런 한일노래교류가 이루어 졌습니다. 나자레원은 일본 합창단이 자주 찾아오지만 한국 노래를 한국어로 노래하는 합창단은 〈한일여성 합창단〉뿐이라고 들었습니다.

합창이 끝나고 강당 앞에서 기념촬영을 한 다음 헤어지는 장면에서 〈카고메카고메〉〈하나이치몬메〉를 서로 손을 잡고 함께 노래했습니다. 몇 번이고 되풀이 했습니다. 그 사이에 몇 분하고 이야기를 나누다 혼자 있는 분에게 다가가 어디 출신이냐고 물었더니 나가사키라고 했습니다. 한국남부의 경주와 나가사키는 코앞인데 돌아가지 않고 이국땅에서 여생을 보내는 속마음은 오죽할까 싶어 가슴이 아팠습니다.

우리가 말하는 일본어를 알아들을 수는 있지만 말할 수 없는 분도 있다고 들었습니다. 현재 나자레원의 일본인 입소자는 22명 최연장자는 91세 최연소자는 68세 그리고 추정하기로는 300인 정도의 일본인 아내가 원조를 받지 못한 채 한국에서 곤궁한 생활을 보내고 있나고 송 원장은 전했습니다. 68세의 부인은 역산하면 1945년 당시에는 8, 9살이었다고 한다. 어떤 경위로 나자레원에 입소하게 되었는지 나는 일본으로 돌아와서 송원장에게 문의했습니다. 이 여성은 일본태생으로 일본에서 성장해서 재일 한국인 남성과 일본에서 결혼한 후 어떤 사정인지 모르지만 잠시 후 둘이서 한국 시골에서 농사를 지었다고 합니다. 친척도 없이 이웃과 교제도 적고 아이도 없이 두 사람 사이의 대화는 오로지 일본어로만 했다고 합니다. 남편이 죽고 이 여성은 일단은 일본으로 돌아갔지만 고향에서 사는 것이 힘들어 한국으로 다시 갔다고 합니다. 하지만 한국어도 잘 못하는데다 한국에서도 받아줄 곳이 없어 생활고에 빠져 있던 중 나자레원에 당도하게 되었다고 합니다. 정작 헤어져야 할 때 우리들은 아무 말도 못하고 문자 그대로 뒤가 켕긴 채 나자레원을 뒤로 하고 돌아왔습니다. '저 사람들은 내일이나 모레면 가족이 기다리는 일본에 돌아갑니다만, 우리들은 …'라고 마음의 어딘가에서 혼잣말을 하는 것은 아닌가 싶어 나의 마음속은 더욱 복잡하게 흔들렸습니다. 이런 방문이 과연 좋은 것인지 자고 있는 아이를 깨워 부인들을 고향생각에 젖게 해 슬프게 한 것은 아닐까? 생각했습니다. 하지만 '당신들을 잊지 않는 사람들이 있다'는 것이 전해진다면 그것으로 충분하다고 자신을 위로하면서 귀국 길에 올랐습니다.

Ⅲ. 2001년~2005년 _ 167

Ⅳ. 2006년~2013년

바느질 시간의 흐름

최정미崔正美

　　보자기를 깁기 시작한지 만 6년이 지났다. 보자기를 처음 잡지에서 본 것은 2002년 6월에 발행된 패치워크 전문지다. 한국 보자기의 제일인자인 김현희선생님의 책을 보고 아름답고 섬세한 보자기에 마음이 끌려 곧바로 홈쇼핑을 통해 퀼트를 구입해 깁기 시작했다. 막상 해보니 지금까지 해본 손으로 하는 일 중에 가장 어려운 것 중의 하나였다. 무엇보다도 바느질 한 땀 한 땀의 섬세함에 곤혹을 치렀다.

　　보자기의 존재조차 모르던 나는 조국 문화에 대한 무지가 창피하기도 해 철야를 하며 바느질을 했다. 보자기 특유의 기법인 〈휘갑치기〉 바느질 땀이 한결 같지 않아 곱게 나오지 않았다. 바느질실의 한 땀 한 땀의 밸런스가 마음에 걸려 확대경으로 잡지 사진을 보고 천과 바느질 땀의 비례를 찾아내는 연구를 거듭했다. 한 번 몰두하면 나는 매일같이 철야까지 하며 그 수법을 손에 익히고야 만다. 이런 이야기를 그릇가게 오너인 친한 친구 K에게다 털어놓자 우연히 지인 중에 한국에 있을 때 보자기를 배워 교실을 열고 있는 분이 있다며 소개를 해줘 수강을 하게 되었다. 보자기 매력에 빠져 수강생들과 수다를 떨면서 교실에서 들뜬 마음으로 즐거운 시간을 보냈다. 내가 한국인인 것을 그때까지만 해도 회의적이었던 내가 한국인이어서 다행이라는 것을 처음 느낀 순간이었다. 한국DNA를 가져 다행이라고 생각할 정도로 보자기에 푹 빠졌다.

그러던 중 친정에 돌아가 어머니에게 보자기를 깁고 있다고 하자 어머니는 "나는 세심한 일을 매우 좋아했다"며 한마디 하셨다. 문득 가슴이 뜨끔해 지며 그 말은 나의 마음 깊은 곳에 자리하게 되었다. 6살 때 가족과 함께 일본에 온 엄마는 12살 어린 나이에 할머니를 잃었다. 일이 없는 할아버지는 9살 딸을 메리야스 공장에서 일하게 했다. 아침 일찍 집을 나설 때 병약한 할머니는 밖에 나와 배웅을 해주었다고 한다. 12살에 할머니를 잃은 나의 엄마는 한 가정의 주부처럼 가사 일을 꾸리고 동생을 돌보며 가족이 함바에 살게 되었을 때 피곤해서 올라가지 않는 손을 줄로 묶어 무리하게 일한 탓인지 안면신경마비를 앓아 불과 14세에 입이 돌아가고 한 쪽 눈이 감기지 않을 정도였다. 그런 이야기를 할 때면 꼭 어머니는 "엄마가 살아 계셨더라면"하고 입버릇처럼 말했다. 보통 여자 아이들처럼 차려 입은 적이 없고 일한 임금은 모조리 할아버지의 술값 도박비용으로 없어졌다. 학교에도 보내주지 않고 얼굴이 반반하지 않다는 이유로 15살이나 나이가 많은 아버지한테 시집온 것이 17세였다. 엄마는 말끝마다 할아버지는 돈이 필요해 딸을 팔았다. 나이가 15살이나 많은 아버지와 결혼한 넋두리로 얼굴이 좀 예뻤더라면, 엄마가 살았더라면, 가난하지 않았더라면 하며 불만을 딜어놓는다. 돈만 있으면 행복해 진다고 믿고 남편에 대한 애정 대신 아들에게 비정상이라고 할 정도로 맹목적으로 사랑을 베풀면서도 딸들은 가사노동과 가

내부업을 하는 노동자정도로 취급하며 엄마로서 애정 어린 사랑은 주지 않았다. 부모 입장에서 보다 동성입장에서 딸들이 자기보다 행복하다고 여겨서 인지 평범하지 않은 자기구속을 했다. 자라면서 너무나 가혹한 나날을 보낸 탓인지 엄마 생애의 꿈은 저택에 살면서 아들이 출세하는 것이었다. 하지만 저택에는 살았지만 귀중한 아들들은 생각대로 되지 않아 외로운 만년을 보내면서 "나는 섬세한 일을 좋아한다"는 말을 곧잘 했다. 지금까지 모녀간에 소박한 잔정도 없는 사이이지만 그 한마디에 엄마가 짊어지고 온 고생의 흔적이 있다는 것을 느꼈다. 적어도 엄마보다 나는 행복하다는 사실은 알고 있다. 엄마의 손끝은 가족을 위해 일했지만 나의 손끝은 나 자신이 즐기기 위해 쓰고 있다. 아무리 뭐라고 해도 엄마 세대보다 우리 세대가 행복한 것은 두 말할 것도 없다.

그렇게 살다가 몇 년 전에 엄마는 지병이 악화되어 이 세상을 떠났다. 집에서 생을 마감하고 싶다는 간절함을 들어주고 마지막을 지켜보는 것이 도리라 생각하여 딸들이 교대로 간병하며 보살폈다. 엄마는 "다음 생에 태어나면 평범하게 살고 싶다"고 하여 우리들은 놀랐다. 그리고 "엄마는 너희들 병을 다 갖고 떠난다"고 마지막을 고해 모두 울었다. 내가 간호한 밤에 "고맙다"며 손을 합장하고 인사까지 한 마지막 말이었다. 유품을 정리하고 있을 때 부엌 서랍에서 천이 몇 장 나와 받아왔다. 그 천을 보자기의 일부로 사용했다. 솔직히 말해 처음에는 재료를 찾았다고 할 정도의 감정밖에 없었다. 그런데 지금은 엄마를 보내고 외로운 마음에 엄마와 나의 접점을 보자기에서 찾으려 하고 있다. 엄마가 멋내기를 좋아하던 것을 살려 가장 현대적인 감각의 보자기를 만들었다. 그 보자기를 내걸면 다들 "예뻐요"하며 칭찬이 자자하다. 자신의 외모에 불만이 많았던 엄마였지만 보자기속에 숨겨진 엄마의 흔적으로 조금은 기뻐할 듯하다.

처음 갖고 올 때는 단순히 보자기에 사용하려고 갖고 왔을 뿐인데 바느질하는 동안 힘들었던 엄마의 일생을 떠올리며 "엄마는 이런 시간이 없었지"하며 말을 걸었다. 혼자서 한 땀 한 땀 깁고 있으면 "잘 기워", "어중간한 것은 안 돼"하며 생전에 말씀하시던 말을 지금 여기서 말하고 있는 기분이 들어 보자기를 깁고 있는 나는 그 말을 그대로 받아들이고 있다. 보자기를 통해 엄마와 나는 공동 작업을 하고 있다. 돌아가신 후 옛 지인을 비롯해 모두가 "좋은 사람이었다"라는 말을 들은 적이 없다. 오히려 그렇지 않다는 말을 많이 들었다. 그래서 엄마를 감싸고 싶은 나는 하루하루가 우울했다. 그러던 것이 바늘을 잡으면 마음의 안정을 되찾아 시끄럽게만 여겨온 엄마의 수많은 잔소리가 이제는 나에게 둘도 없는 아이디어가 되어준다. 내가 엄마에게 어떻게 할까라고 물으면 천 위에서 대답해준다. 그곳에 나의 사랑스런 엄마가 있다.

이상하게도 엄마를 보내고 나서 보자기를 통해서 나의 세계가 넓어졌다. 25년 이상 내가 배우고 있는 김공가 선생님께서 "지금까지의 모든 것은 너에게 필요 한 것이었다. 보자기 깁는 것을 시작한 건 정말 잘한 것 같다"고 말씀하시며 개인전을 권하셨다. 개인전을 열면서 향상하는 타입이라고 조언까지 해 주셨다. 첫 개인선을 요코하마에서 열자 엄마 생전의 유일하게 친하게 지내신 분이 친구분을 데리고 오셔서 "어머니가 살아 계셨다면 기뻐하셨을 거야"라는 말을 듣고 효도한 기분이 들었다.

　개인전을 열 때 이름을 통명으로 할 것인가 본명으로 할 것인가 생각한 끝에 본명을 사용하기로 했다. 패기가 없던 나는 통명으로만 살아왔다. 한국의 보자기로 개인전을 열면서 통명을 사용하는 것은 어울리지 않다고 판단해 가족에게 물어보자 전원 본명을 쓰라고 조언해 처음으로 통명이 아닌 본명을 앞세웠다. 본명에 익숙하고 보니 정말 마음에 들어 개인전 간판을 내걸 때도 저절로 빙긋하며 입꼬리가 올라갔다. 아주 자연스럽게 한국인으로 거듭난 나 자신에 긍지를 느꼈다. 이번 5월에는 2번째 개인전을 가구라자카^神^{楽坂}에서 열었다. 가족 중에서도 남편이 적극 협력해 준 덕분에 기대보다 성황리에 마칠 수 있었다. 그때도 당연히 엄마의 유품이 들어간 보자기는 안쪽 정원에 장식되어 바람에 흩날리며 흡족해 하는 것 같았다. 개인전의 제목이었던 「시간의 기억」처럼 보자기는 2미터를 넘는 크기로 나의 한계에 도전하는 작품이면서 엄마와 나의 심상 표현이기도 했다. 개인전 안내사진은 폐교가 된 음악실에서 촬영한 것이지만 사진이 나올 때까지 장소를 몰랐다. 나중에 촬영 장소를 묻자 한 번도 학교에서 배운 적이 없는 엄마가 보자기로 학교에 갔다고 생각하니 한층 더 엄마 인생의 심연을 엿 본 듯했다. 이런저런 생각 끝에 아버지도 이해하고 싶어 졌다. 앞으로도 나와 엄마는 천위에서 이야기를 나누며 바느질을 계속해 나갈 것이다. 더욱 자유롭게 더욱 깊게 제작자로 기쁨을 찾기 위한 것은 물론이고 한 많은 엄마의 말을 함께 찾아내고 엄마를 이해하기 위해 그리고 23살에 떠난 아버지와의 생활을 떠올리며 어려서 이해할 수 없었던 부모님의 삶을 보자기 위에서 마음을 열고 받아들이고자 한다.

문화유산

라영균 羅英均

　올해 2월 말 만주 초등학교 동창생인 시마다씨와 함께 미토水戸 여행을 다녀왔다.

　시마다씨는 이바라기茨城현 출신으로 가이라쿠엔偕楽園 이 어릴 적 놀이터였다고 한다. 넓은 가이라쿠원을 메우고 있는 수천 그루에 달하는 매화는 3할 정도 피어 있었다. 매화 나무 아래 잔디에 앉아 꽃구경하는 사람, 매화를 바라보며 걷는 사람, 뜀박질하는 아이, 이 모두가 봄을 즐기고 있었다. 자원봉사자인 중년의 남성 안내원에 따르면 고목에 반 정도 핀 매화가 제일 아름답다고 하며 그 중에서도 가장보기 좋은 고목 몇 그루를 알려주기까지 했다. 거무스럼한 색을 띠며 몸통을 꼬며 위로 향한 나무는 생기가 없어 보이지만, 곁가지로 삐쳐 나온 가지에서 봉오리를 살며시 내밀며 피어나는 가련한 매화의 모습은 자연만이 창조 할 수 있는 신비의 마법과 같이 사랑스러웠다. 안내원은 고분정(好文亭일본 가이라쿠엔에 있는 정자) 으로 이어진 숲 앞을 지나면서 쭉쭉 뻗은 대나무를 칭찬했디. 어떤 것은 직경 10센티나 되는 것도 보였다. 그는 가이라쿠엔에서 가장 볼거리는 매화가 아니라 대나무라고 한다. 미토의 역대 영주들의 사색의 공간이었던 대나무 숲은 그 자체만으로 훌륭한 자질과 기개를 반영하듯이 매화공원의 매화의 화려함과는 대조적인 숙연한 자태였다.

안내원은 고분정 뒤에 자리 잡은 차실 옆 벽에 마련된 대합실로 안내했다. 작은 공간에 허리를 걸칠 수 있는 툇마루와 흙으로 둘러싼 기울어진 삼각 창문이 정갈하게 자리잡고 있다. 이 또한 차경으로 차실에 들어가려고 잠깐 기다리는 사람들에게 운치를 느끼게 한다. 차실내부를 둘러보니 다이묘 저택치고는 소박하였지만 안쪽에 그려진 금박을 입힌 매화나 싸리꽃 그림은 일품이었고 차실에서 내다보이는 호수전경은 그 어느 조망 보다 훌륭했다. 안내원은 눈에 잘 띄지 않은 곳곳에 남아있는 문짝의 섬세한 대나무 세공과 교묘한 무늬에 눈을 돌리게 한다. 옛 장인의 숨결을 느낄 수 있었다. 고분정은 전에도 몇 번이나 와본 적이 있다. 올 때마다 느끼는 것은 긴 시간이 흘러야 뿜어져 나오는 독특한 중후함이 마음을 사로잡는다. 미토번 학교였던 홍도弘道관은 자그마한 예쁜 정원 안에 단아하게 자리 잡고 있다. 1841년 창건된 이후 미토번 무사 자제들이 학문과 무술을 배운 학교라고 한다. 불행히도 1886년에 일어난 내전으로 주요 건물은 불타고 현재는 정문과 본관의 현관만 남아있을 뿐이다. 전쟁의 무차별적 파괴력을 실감하는 곳이기도 했다.

다음으로 발길을 옮긴 곳은 오포였다. 이곳은 20세기 초에 오카쿠라 텐신岡倉天心이 요코야마 다이칸横山大観 등 젊은 화가들과 일본 미술원을 만들어 그림을 그리며 가르친 곳이라 한다. 바다를 둘러보니 바닷가에 그들이 사용했던 육각당이 아직 남아있다. 선명한 주홍색의 옻칠, 백색 바위의 흰 파도

청솔을 배경으로 한 선명한 윤곽이 눈에 들어왔다. 여기서 가까운 곳에 노구치우죠野口雨情의 생가가 있어 고택을 방문 했다. 아름다운 정원을 지나 현관에 들어서자 넓은 공간이 전시실로 사용되고 있었다. 노구치우죠는 많은 동요를 만든 시인이다.

「비뿌리는 달님」「파란 눈의 인형」「뱃머리노래」「일곱 아이」 등 우리가 어릴 적 불렀던 노래가 모두 그의 작품이었던 것을 새롭게 알게 되어 매우 감명 깊었다. 여기를 오간 시인들의 소품, 소지품, 필적 등이 전시되어 있고, 그와 교류가 있던 당시의 시인 기타하라라학슈北原白秋, 이시카와타쿠보쿠石川啄木의 사진 편지 등도 이었다. 지금까지 각각 개별적으로 알았던 작가의 연결고리를 더듬으면서 당시의 문화 예술적 분위기를 실감하는 계기가 되었다. 오포에는 미술관도 있는데 작은 마을 미술관 치고는 놀랄 정도의 규모이고 훌륭했다. 가이라쿠엔 근처에 자리한 센바千波 호수 부근에도 초현대적 미술관이 들어서 있었다. 지방도시가 이렇게 훌륭한 미술관을 지어 운영한다는 것도 인상적이었다. 그 정도로 문화예술에 관심이 많다는 것을 보여주는 것 같았다. 미술관 안에는 오포 출신 화가들의 대작이 전시되어 있고 벽면 전체를 덮은 힘찬 작품에 압도되었다. 텐신天心의 작품인지 다이칸大観의 작품인지 확실하지 않지만 큰 화폭 한 모퉁이에 한복을 입은 소녀가 그려져 있어 놀랍기도 하고 기뻤다. 미술관 다음으로 니시야마로 옮겼다. 미토고몬水戸黄門공이 은퇴한 후 생활한 곳이라 한다. 잘 손질된 정원 여기서 연못이 있고 그 주변에는 멋있게 가지를 뻗은 아름다운 매화가 있다. 원형 복원을 잘한 집이었다. 부장군까지 오른 집 치고는 소박하다. 그의 재능과 인성과 성품은 오랜 세월이 흘러도 변함없이 사람들 마음을 울리는 힘이 있다. 이바라기현이 이토록 심혈을 기울여 소중히 보존하는 문화유산을 보며 울컥 하는 마음이 종잡을 수 없다. 방화로 무참히 불타버린 한국의 국보 제1호 남대문이 갑자기 떠올랐다. 남대문은 조선시대를 창건한 이 태조가 600여 년 전에 개성에서 한양으로 수도를 옮기면서 세운 문이다. 일본에는 지방마다 지역 문화재를 소중히 보존하고 있는데 비해 우리 한국은 국보 보존 마저도 무심하여 범부의 어리석은 화풀이 대상이 되어 하룻밤 사이에 재가 된 것과는 너무나 비교 된다. 잡힌 방화범은 "남대문은 다시 지으면 되잖아"라고 했다고 한다. 600년이라고 하는 세월이 자아내는 유적의 창연함과 고색은 누가 재현 할 수 있는가. 너무나 큰 상실감으로 아픈 마음은 치유될 수 없는 지경이다.

시집살이

이명숙李明淑

　　5년 전 1월 시어머니가 92세로 돌아가셨다. 나와 시어머니가 함께 한 세월은 50여 년이다. 최근에 이어령씨의 저서 『한국인의 마음 -한의 문화론-』 〈시집살이 분석〉 편에 시집은 남편 집안을 의미하는 것이라고 한다. 나는 1953년 시부모와 시누이 5명에 장애가 있는 시동생이 있는 대가족으로 시집을 갔다. 시아버지는 나의 아버지와 마찬가지로 47세의 젊은 나이에 갑작스런 심부전으로 돌아가셨다. 광복 후에는 결혼해서 대가족과 함께 사는 것은 당연하고 자연스러운 것이어서 나는 아무런 의심도 없이 첫 맞선을 보고는 시집을 갔다.

　　당시 교포사회에서 1세 부모들은 "시집 보낸다"라는 말을 많이 썼다. 결혼이라는 말을 그다지 사용하지 않았던 것 같다. 어느 정도 나이가 차면 집에서 내보낸다는 인식이었고 딸의 입장이나 주장은 무시되는 그런 시대였다. 그런 와중에 부부의 인연을 맺은 우리 두 사람은 마음 설레며 신혼부부의 시간은 있을 것이라고 막연히 기대를 했시만, 그와 같은 기대는 완전히 빗나갔고 오늘날까지 이어지고 있다. 시어머니는 그때 당시 40살이었고 시동생은 16살과 2살 8개월의 막내가 있었다. 시집 온 날 내 곁에 붙어서 떨어지지 않는 여동생들은 여형제가 없이 자란 나에게는 귀엽고 예쁜 존재였다. 하지만 스물 살에 맞이한 나의 결혼생활은 신혼은 커녕 힘겨운 〈시집살이〉의 나날이었다.

시집가자마자 매일 아침 일찍 일어나 청소 세탁 식사 준비 그리고 시어머님이 주신 돈으로 시장을 보는 등 다 익숙한 일은 아니었지만, 반복되는 일상에 익숙해져 갔다. 의식주를 잘 챙기며 살아가는 생활이 이런 것이려니 하며 납득했다. 그러나 문제는 결혼이후 지금까지 〈시집살이〉병으로 공허한 마음이 치유되지 않은 채 계속되고 있다.

나의 시집은 시아버지가 기계판매로 경제적 기반을 어느 정도 이루어 남편의 자립을 도모하기 위해 집안에 공장을 차려 놓고 돌아가셨다. 그런 의중은 아랑곳 하지 않고 문제의 남편은 직원에게 일을 맡겨 두고 일찍부터 술 마시러 나가 매일 밤늦게까지 돌아오지 않았다. 그런 남편을 시어머님은 한 길까지 나가 밤늦도록 기다리다 업다시피 해서 돌아왔다. 시어머니와 아들사이에 며느리가 들어갈 여지도 없을 뿐만 아니라 대화조차 없는 나날이 언젠가부터 일상화 되었다. 남편과 시어머니 시어머니와 내가 대화하는 형식이 정해져 중요한 일도 내가 모르는 사이에 먼저 정해진 후에 나중에 알게 되었다. 일을 해서 약간의 벌이라도 있으면 거의 대부분을 남편의 술값으로 사라진다. 긴 세월동안 가정 경제권을 쥐고 있던 시어머니는 남편과 의논할 뿐 내가 설 자리는 없었다. 아이가 태어나도 "남자는 부모 앞에서 자식을 안거나 귀여워해서는 안 된다"며 남편을 꾸짖을 뿐이다. 유교에 그런 가르침이 있는지 없는지 모르지만 시어머니는 18살에 시아버지와 결혼해 두 분만 일본에 와서 가정을 꾸려 〈시집살이〉경험이 없을 텐데 고향에서 보고들은 습관이었는지 모르겠다. 남편의 오래된 나쁜 식습관과 그릇된 건강관리로 스물아홉 나이에 폐결핵에 걸려 입원생활을 하게 되었다. 나는 어린 자식 세 명을 시어머님께 맡기고 백화점에서 파트타임 일을 시작했다. 3년 후 남편의 병이 완쾌되어 돌아 왔지만 시어머니는 퇴원하고 온 남편을 자기 방에 눕히고 식사는 물론 밤낮으로 헌신적으로 보살폈다. 젊은 나이로 과부가 된 시어머니는 장남에게 사랑을 쏟는 것이 보람이었는지 그런 해괴한 이해 할 수 없는 우리 부부의 격리생활은 1년이나 계속되었다. 그 동안 나는 일을 마치고 돌아와 아이들 저녁을 먹이고 설거지와 청소를 하고 밤늦게야 방에서 쉴 수 있었다. 그 때마다 시어머님이 옆에 있었지만 남편과는 대화도 없이 마치 가정 내 별거와 같은 생활이었다.

항상 내 등 뒤에 시어머니의 눈길이 있다는 것을 느끼며 요즘 말하는 스트레스로 몸이 힘들고 괴로워 원인 불명의 두통으로 몇 년이나 시달렸다.

어린 자식을 데리고 집을 나가 갈 곳도 없고 친정은 돌아갈 곳이 아니었다. 가령 나간다 해도 생활해 나갈 경제력이 없어 시어머니의 기생충이 되어 여기서 살 수밖에 없었다.

지금과 같이 행정적으로 모자 가정을 지원해 주는 제도가 있었다면 시도해 봤을 지도 모르지만, 그 때 당시는 어떻게 할 수가 없어 참고 견딜 수밖에 없었다. 나는 화가 치솟으면 가끔 어린 딸에게 화풀이라도 하듯 부딪히곤 했다. 요즘 자주 보도되는 유아학대 기사를 읽을 때 마다 과거 나의 모습을 보는 듯하여 가슴이 찡하며 아프다.

남편은 연마 공장을 운영하면서 변함없이 폭력은 계속되었다. 요즘 말하는 더메스틱 바이얼런스(가정 폭력domestic violence)였다. 예를 들면 자기중심적인 사고가 셀 수 없을 정도이다. 나를 너무 싫어하거나 아니면 시어머니가 모든 걸 해주기 때문인지 내가 있을 공간은 점점 없어졌다. 고심 끝에 집안에 주부가 둘이나 필요 없다고 판단해 서른아홉에 다시 일하기 시작했다. 아침 일찍 문을 여는 도시락 가게에 들어가 육십 둘 정년까지 23년간 몸담았다.

아이들이 각각 독립할 즈음에 나는 드디어 집을 나와 혼자 살기 시작했다. 나의 정신 상태가 얼마나 위태롭게 보였는지 아이들이 가세하여 나를 밖으로 나오게 했다. 내가 앓고 있는 병이 귀탁거부증후군이라는 걸 처음 알았다. 집에 돌아가면 숨쉬기가 어렵고 심장 고동소리가 빨라지는 병으로 집을 나와 있는 10년 동안 마음은 편치 않았지만 몸은 편했다. 시어머니가 남편 뒷바라지를 하는 이상한 생활이지만 시어머니께 감사했다. 그러던 어느 날 시어머니가 집을 나와 버린 것이다. 장남에게는 더 이상 정나미가 떨어졌는지 장애가 있는 차남한테로 갔다.

정년을 맞이해 이혼을 생각하고 얼마 안 되는 연금으로 살려고 마음먹었을 때였다. 하지만 나는 아이들에게 부담 씌우는 게 싫어 다시 집으로 돌아오고 말았다. "너를 두 번 다시 집에 들여놓지 않으려했다"는 남편의 말을 들으면서도 참았다.

그리고 나서 15년이 지난 지금 나도 어느 듯 희수를 맞이했다. 시어머니도 일본에서 말 못할 어려움에 시달리다 황천길로 떠났다. 우리 부부도 이

젠 늙었다. 그러나 남편은 하나도 변하지 않았다. 몇 번이나 수술하고 입퇴원을 거듭하면서 수년 전에는 폐기종을 앓아 24시간 산소 호흡기를 부착하고 있지만 호흡기를 질질 끌면서도 술과 담배를 끊을 생각을 하지 않았다. 성질은 더욱 난폭해지고 마음대로다. 병을 앓으면 사람이 변한다고 하지만 그런 희망은 아예 접었다. 나는 불안 해 하면서 오래 동안 쌓인 트라우마를 안고 앞이 보이지 않는 가정부 생활을 매일 보내고 있다.

〈시집살이〉란 대체 뭘까? 지금은 시대가 달라져 장남 부부조차 부모와 동거하지 않는 사람이 압도적으로 많다. 여자가 강해진 걸까. 며느리가 강해진 걸까.

1세 부모들이 전하는 말에 시어머니의 〈시집살이〉는 세월이 지나면 가벼워지지만 남편 〈시집살이〉는 시간이 지날수록 더욱 어렵고 힘들어 진다는 말처럼 요즘 실감하고 있다. 21세기를 맞이해 세상이 변한 지금도 그 말 그대로 나는 살고 있다.

지나온 세월을 뒤돌아보면 부부란 무엇인가? 하며 어리석은 부부로 살아온 나를 후회와 슬픔의 눈으로 응시하는 또 하나의 내가 있다.

오랜 세월 틀에 박힌 우리 부부의 금형을 다시 만드는 것은 불가능하다. 요즘 여자도 자기주장을 하고 강해졌다고 한다. 나는 쌍수를 들고 대환영한다. 이것은 우리 세대의 반동으로 받아들이며 한 인간으로 서로 존엄에 기반을 둔 당연한 현상으로 일어나야 할 게 일어난 게 아닌가 싶다.

〈시집살이〉라는 옛 인습에 갇혀 여태껏 표현하지 못하고 살아온 한 여자의 넋두리와 푸념을 여기다 풀어본다.

용서할 수 없는 원폭

곽절자 郭節子

한순간에 지옥 그림을 화폭에 수놓은 원폭 1945년 여름 히로시마

어린 시절 산 너머로 본 원폭은 마음속 앨범이 되어

아득한 기억 속으로 희미해지는 원폭은 풍화되어 망각 되리

1945년 8월6일 세계 최초 투하된 원폭으로 한순간에 수많은 생명이 무참히 사라졌다.

나는 1938년 히로시마에서 태어나 일곱 살 되던 해에 악몽의 원폭의 광경을 보았다.

갑작스런 섬광은 붉은 불기둥을 일으키며 버섯구름으로 바뀌며 일순간에 폐허로 사라진 히로시마, 그 기억을 새기는 심볼로 원폭 돔이 유네스코 세계유산으로 등록되어 세계에 알려졌다. 그러나 전후 65년이 지난 지금 전쟁체험자의 고령화로 기억도 흐려지고 역사적 사실도 풍화되어 당시의 비참함이 잊혀지고 있다.

갈비의 포테이토칩처럼 원폭으로 부셔지고   나카노요시코中野美子
샘같이 솟아오른 원폭
길거리에 나팔꽃 아메리카 에놀라 게이
에놀라 게이 남은 한 명 무슨 생각에 수십 만 생명을 빼앗나
에놀라 게이를 망각하고 원폭을 아는 사람 또 한 명 사라진다.

에놀라 게이(Enola Gay는 미국 육군항공대가 보유한 B-29 슈퍼포트리스 중 하나로 1945년 8월 6일 히로시마 원자폭탄 투하에 사용된 폭격기다) 당시의 에놀라 게이의 탑승자 12명 중 11명이 사망하고 생존자는 1명이다. 수많은 생명을 빼앗은 심경은 어떤 것일까. 또 원폭에 관심 없는 사람은 에놀라 게이 또한 모를 것이다.

60년의 공백 넘어 동창회 원폭을 이야기하는 고희 축하연

동창회 고희 축하연에도 잊지 않고 함께 나누는 히로시마 원폭

전후 초등학교를 졸업하고 60년 세월이 흘러 각각의 인생 드라마를 만들고 훗날의 만남은 정하지 못했지만 이야기를 나누면서 그리운 당시의 모습을 떠올리며 서로 즐거워한다.
당시 공유한 잊을 수 없는 원폭에 대해 누구라고 할 것 없이 이야기꽃을 피운다. 서로 건강하게 고희를 맞이한 것을 모두 감사히 여기며 차분히 축

배를 든다.

차별 없는 세상 바라며 첫 흑인 대통령 오바마의 탄생

세계정세도 바뀌어 몽상에 불과할 것이라고 했던 미국에서 흑인 대통령
이 탄생하여 세계에 놀라운 꿈을 안겨 주었다. YES WE CAN을 내걸어 불
가능을 가능케 한 사람.

원폭을 투하한 대국 미국의 오바마대통령이 핵이 없는 평화로운 안전한
세계를 호소하며 메드베제프 러시아 대통령과 〈신핵 군축 조약〉에 조인하고
오바마 대통령이 제창한 핵없는 세계의 실현에 실질적인 제일보가 되었다.
(2009년 12월 노벨평화상수상)

올해 2010년 〈원폭의 날〉 8월 6일에 개최된 평화식전에 유엔의 반기문
사무총장이 처음으로 출석해 오바마 대통령의 피폭지 방문을 독려할 바람
이 될지도 모른다.

히로시마에 오바마 오기를 바라는 미타케이쇼三宅一生 히로시마 사람

세계적인 디자이너 미타케이쇼씨도 평화식전에 오바마대통령을 초청하고
싶다고 미국을 향해 호소하고 있다.

입원한 어머니 간호 중, 전쟁의 혼란이 오는가 하고 갈 때마다 묻는다.

노령으로 입퇴원을 반복 하면서 치매기가 있지만 엄마는 다른 사람보다 입만 살아있다. 전쟁과 공포의 시대를 살아서인지 힘들었던 일들이 마음에 남아 곧잘 들려주는 이야기도 이제부터는 점점 줄겠지.

동포는 남북 간의 행방에 의문을 품고

한국의 초계함 〈천안함〉 침몰사건으로 남북관계가 긴장하고 있어 동포로서 불안한 나날이다. 같은 민족끼리 왜 싸우나? 같은 민족끼리 피 흘린 한국전쟁에서 60년이 지났지만 종전으로 진전하기보다 이런 사건이 일어나다니.

한일 합방 백년 나는 고희, 참정권은 얼마나 더 있어야하나

바라 건데 목숨 붙어 있을 때 참정권 나오길 고희를 바라보는 나

한류로 친근감은 늘어서도 본심으로 나눌 수 없이 흐른 백년

현재 일본에 정주하는 외국인은 91만 명이라고 한다. 지방참정권 부여를 인정하는 법안은 지금현재도 전망이 없다. 〈부여〉는 실현되는 것인가? 한다면 살아있는 동안 〈부여〉되기를 바라는 한사람이다.

고향으로 돌아간 어머니

오문자吳文子

  2009년 11월 2일 어머니는 향년 93세로 노목이 마르듯이 평온하게 이 세상을 떠났다.

  그날 새벽 야마나시山梨에 살고 있는 올케로부터 불길한 느낌의 전화가 왔다. 새벽이 가까워지자 노인 요양병원 린도마을에서도 "이쪽으로 빨리 오라"는 전갈이 왔다. 전화 너머로 긴박한 상황이 전해져 온다. 드디어 올 날이 왔다는 것을 직감했다. 몸단장을 서둘러 마치고 신주쿠新宿역에 도착하자 특급열차가 막 출발한 뒤였다. 조급한 마음을 진정시키면서 다음 특급 아즈사호를 타고 고후甲府역에서 미노후선으로 갈아타고 서둘러 갔지만, 어머니의 몸에는 이미 수의가 입혀져 있고 얼굴에는 하얀 수건이 덮혀 있었다. 각오라고 할 것도 없었지만 수의가 입혀진 차가운 어머니를 보자 몸과 마음이 무너지며 자꾸만 흘러내리는 눈물을 감당할 수 없었다.

  어머니를 감싼 고국의 수의는 올케가 작년 여름 어머니가 위독할 때 준비한 것으로 예전의 까칠한 마가 아니라 실크처럼 촉감이 부드러운 천이었다. 뿔을 감추듯이 머리에 수건을 두른 모습은 마치 청결한 신부처럼 보였다.

  "마지막 모습은 마치 썰물이 밀려 나가듯 조용히 숨을 거뒀다"고 하며 임종을 보지 못한 나를 위로하며 올케의 눈에서도 눈물이 앞을 가린다.

작년 여름부터 구급차에 실려 자주 병원을 드나들면서 링거를 맞거나 관을 꽂는 등 아픈 모습이 떠올라 편안하게 잠든 어머니의 모습을 보고 조금은 안도했다. 몸을 마음대로 못 가누게 되면서 엄마는 입버릇처럼 "남편 운도 없고 죽을 운도 없다"며 한탄하였지만 아버지 돌아가시고 20여 년 긴 세월 동안 고통에서 해방되었다. 어머니는 인생을 어떻게 매듭짓고 떠나셨나요? 쌓이고 쌓인 한은 풀었나요? 나는 어머니에게 물었다.

(1)

어머니는 전라남도 승주군 농가에서 5형제 중 막내로 태어났다. 어려서 아버지를 여의고 어머니가 삯 바느질을 하며 어렵사리 생계를 이어갔지만 그 어머니도 엄마가 12살에 병사 하여 친척집에 맡겨졌다. 아이가 많은 그 친척집 생활은 아이 돌보기, 심부름 등으로 10대 소녀가 하기 힘든 가혹한 일이었다고 한다. 고향이야기를 할 때마다 원망스러운 말만 하는 것으로 보아 몹시 힘들었던 모양이다.

어머니가 일본에 건너온 것은 아버지와 결혼한 지 얼마 안된 18살 때이다. 그 후 전쟁으로 연락이 끊기면서 형제가 어떻게 사는지 알 수도 없었다. 겨우 연락이 닿은 것은 88서울올림픽 전후이다. 어머니의 큰오빠와 둘째 언니는 한국에, 큰언니는 히로시마에 살고 있었고 작은오빠는 연락을 할 수 없다고 했다. 어머니가 그리던 고향에 있는 형제와 재회한 것은 고희를 넘기고 나서였다. 재회 할 때까지 살아있지 않을 것이라고 포기하고 있었다고 외삼촌이 눈물 흘리며 말했다고 한다.

히로시마에 있는 언니는 몇 번이나 고향을 방문해 형제들과 재회하고 있었지만 바로 옆 오카야마岡山에 살고 있는 엄마와는 연락이 끊긴 상태였다. 막내였던 엄마와 소식이 닿지 않아 안부가 얼마나 궁금했을까?

차남은 동란으로 행방불명이었지만 3년 전에 작은 외삼촌이 중국에서 고향으로 본적 조회를 한 적이 있어 길림성에 가족이 살고 있다는 것을 알게 되었다. 긴 세월 동안 서로 안부를 궁금해하며 얼마나 슬픈 세월을 보냈을까? 전후 한국 사회의 혼란과 동란으로 이산가족을 만들고 돌이킬 수 없는 세월을 거쳐 겨우 소식을 확인할 수 있었다. 아버지 쪽 할아버지는 토지도 꽤나 갖고 있고 오 주사로 불리는 면장이었다 한다. 아버지의 형 두 분은 사비로 일본 유학을 할 정도로 꽤 유복한 집안이었던 모양이다. 아버지의 형들이 뿔 모자를 쓰고 귀향하면 주변 사람들이 모여들었다고 한다. 할아버지가 돌아가신 후 형들의 방탕한 생활로 집안이 몰락해 버린 모양이다. 그 후 아버지는 한 때는 서울로 옮겨 아카다마 포트와인을 제조하는 일본인 회사에서 일하며 그 기술을 마스터하여 일본으로 건너와 그 기술 덕분에 아버지 형 둘을 불러 돌봤다고 한다. 장사술이 있었는지 아버지의 눈물겨운 노력덕분에 해방후 우리들의 생활은 조금씩 향상되어 갔다. 내가 고등학생이 될 무렵 파칭코 레스토랑 블록 공사 등을 시작으로 사업이 번창하여 경제적으로 특수를 누렸다. 경제적으로는 혜택을 봤지만 어머니는 행복하지 않았다. 아버지에게 다른 여자가 생겨 딴 살림을 차려 두 부인을 거느리고 살았다. 장녀인 나를 포함해 5명이나 자식이 있으면서 둘째 부인한테도 여동생이 두 명 태어났다. 이복 첫째 여동생은 나의 두 번째 남동생과 같은 해에 태어났고 그 밑으로 둘째 여동생까지 태어나 지금은 하와이에 살고 있다. 당시 초등학생이던 나는 아내이자 엄마의 외로움과 억울함을 알 수 없었지만 산후 미역국을 먹으면서 어깨를 흐느끼며 울던 어머니의 모습이 지금도 선명히 기억에 남아있다.

(2)

어머니를 야마나시에 있는 노인 요양원시설 〈린도마을〉에 모신 것은 5년 전 2005년 12월경으로 낙엽이 흩날리는 연말이었다. 11년 전에 일차 요추 파열골절로 대수술을 받고 기적적으로 지팡이에 몸을 맡기고 걸을 수 있게 되었다. 그 후 두 번이나 대퇴골 골절로 고생하셨다. 두 번째 수술 후에 주치의로부터 "더 이상 걸을 수 없으니 휠체어를 타야 한다"고 했다. 어머니의 불편한 생활을 생각하면 잠 못 드는 날이 많았다. 좁은 우리집에 모셔서 간호한다는 것은 도저히 무리였다. 고심 끝에 병원 사회복지상담원을 찾아 상담을 했다. 때마침 곧 오픈하는 〈린도마을〉을 소개해 줘서 운 좋게 입소할 수 있었다. 야마나시에 살고 있는 남동생 집에서 30분 정도의 거리에 있어 절호의 기회였던 것이다.

이 시설은 고후 분지 남서쪽 끝 미노후선 이치가와오몬역 가까이에 있어 도쿄 집에서 편도 4시간 이상 걸리는 곳이다. 입소를 싫어하는 어머니를 강요한 면도 있어 부담스러워 매달 어머니를 찾아 뵙고 3일을 함께 지내고 돌아왔다. 어머니의 방은 3층이었고 공유하는 리빙룸은 소립식 개인실이 있고 각각의 방 입구에는 목재로 된 문패가 걸려있다. 냉난방이 완비된 햇볕이 잘 드는 방으로 노인 옷가지를 수납 할 수 있을 정도의 딱 알맞은 크기의 서랍장이 있었다.

입소당일을 잊을 수가 없다. 서랍장위에 민예품 같은 작은 매트 위에 솔방울 하나와 빨간 거베라 한 송이가 화병에 꽂혀 있다. 세심한 마음 씀씀이로 맞이해 주었다. 이 시설이라면 어머니를 소중히 돌봐 주겠다는 믿음이 확고해 졌다. 입소초기에는 남동생이 차로 데려다 주고 가까운 식당에서 식사를 즐기기도 하고 좋아하는 커피도 같이 마시기도 했다. 날씨가 좋을 때는 어머니가 마음에 들어 하는 모자와 숄을 멋있게 걸치고 휠체어로 요양원주변을 산책하기도 하며 기분전환을 하며 즐겁게 보냈다. 요양원 남쪽 숲에서 휘파람새 노래 소리로 봄소식을 전해 듣기도 했다. 주변에는 감나무가 즐비하게 심어져 감이 익은 풍경은 옛 생각을 자아냈다. 이 지역의 곶감은 명품으로 연말 선물로도 유명하다.

양로원을 다닌 지 3개월쯤 지나자 간호사의 지도 덕분에 어머니의 식사와 용변 수발도 어려움 없이 할 수 있게 되었다. 수발 요령을 익힌 나에게 어머니도 몸을 맡기고 내가 방문하는 날만 기다리기도 했다. 때로는 늦게 왔다고 간병하는 나에게 응석을 부리는 그런 어머니가 측은해 힘껏 안아드리고 싶을 때도 있다.

1년 전에 남동생이 1달 정도 입원했을 때 복용한 약 부작용으로 운전할 때 차간거리를 느끼지 못하고 삼중 추돌 사고를 내고 말았다. 다행히 목숨에는 지장이 없었지만 차는 폐기 처분되었고 면허도 취소되었다. 그 이후부터 매일같이 다니던 어머니 병문안도 뜸해지자 어머니도 날이 갈수록 말 수가 적어졌다. 그러는 동안에 매월 다닌 나의 이름도 모를 정도로 기억이 희미해지고 식사도 혼자 할 수 없게 되었다. 음식 삼킬 힘도 없어져 유동식으로 바꾸자 식사 시중시간이 길어지게 되었다. 그러면서 체중도 한 눈에 알아볼 정도로 빠지고 기력도 떨어져 몸을 가눌 수 없게 되었다. 나는 수발을 들면서 무기력해지는 나날이었다. 몇 번이나 위독한 상태에 빠져 장의사에 연락하기도 했다. 그때마다 기적적으로 원기를 회복했다.

지금 돌이켜보면 어머니와 최후의 만남이 된 10월 29일 아침 여느 때와 다름없이 따뜻한 수건으로 얼굴을 닦고 화장수를 바르고 크림을 듬뿍 발라드렸더니 너무 좋아하며 나를 빤히 쳐다보셨다. 말을 잃은 지 오래되었지만 그날은 기분도 좋고 아침인사로 '잘 잤어?'를 할 정도였다. 나에게는 '잘 잤~'까지 들렸지만 내 이름 '문자'의 '문'을 입안에서 만들었다. 모처럼 의식이 분명해서 작별인사를 하지 않고 요양원을 나섰다. "잘 있어"라고 인사를 하면 슬픈 표정을 지어 돌아오는 길이 괴로워진다. 말을 잃기 전에 '데리고 가줘'라는 말이 떠올라 뒷머리가 당기는 듯한 기분이 들어 도망치듯 돌아왔다. 그날로부터 3일 후 어머니와 영원한 이별을 할 줄은 생각지도 못했다. 후회와 그리움이 날마다 쓰나미 처럼 몰려온다.

(3)

어머니는 생전에 장남 부부 사이에 아이가 없는 것을 생각해서인지 무덤은 없어도 된다며 뼈를 뿌려 달라며 농담 반 진담 반 자주 입에 담았다. 수목장을 원했는지도 모른다. 하지만 내 심정으로는 이머니의 흔적이 없어지는 것 같아 산골(散骨)은 생각조차 하지 않았다. 동생과 의논 끝에 오씨 집안 묘지에 모시기로 했다. 한국에 있는 집안 묘지에는 20년 전 부터 아버지가 잠들고 계신다. 무덤은 필요 없다며 산골을 원한 어머니는 아버지와 같은 묘지에 들어가기 싫다는 뜻이었다. 우리는 그 뜻을 받들어 무덤을 만들었다. 아버지와는 합장을 하지 않고 옆에 나란히 묘지를 만들어 어머니 묘비를 세우기로 마무리 지었다. 그렇게 정한 후 한국에 있는 친척에게 날을 잡아 묘터를 만들어 달라고 전하고 일을 추진했다.

남편과 나는 11월 연휴 동안 한국 친정 집안 묘지가 있는 전라남도 순천으로 향했다. 부산 고속터미널에서 고속버스를 타고 저녁에야 순천시내호텔에 도착하자 전날 일본에서 먼저 와 있던 어머니의 유골과 동생 그리고 친척들이 기다리고 있었다. 저녁을 먹으며 다음날 묘비 작업과 이장식 등을 의논하는 사이 밤이 깊어 갔다. 다음날 아침 일찍 서둘러 아침을 먹고 묘지에 도착하자 이미 포크레인과 젊은이 둘, 사촌동생 몇 명이 작업을 하고 있었다. 선조대대의 묘지는 볕이 잘 드는 언덕 남향 경사면에 위치한 200평 정도 크기였다. 묘지 주변은 생전에 아버지가 일본에서 가져다 심은 유자와 배나무에 꽃이 피고 동백꽃이 만발했다. 남편과 친척이 지켜보는 가운데 아버지 묘 옆에 무덤을 파고 어머니의 납골함을 넣는 차례가 왔다. 나와 동생은 몇 번이고 납골함을 만지며 어머니와 마지막 인사를 나누고 안고 있던 납골함을 무덤 안에 모셨다. 모국의 이별 관습인지 장로가 곡을 하라고 지시를 했다. 일본 장례문화에 익숙한 탓에 나는 큰소리로 곡을 하지 못하고 솟구치는 눈물을 흘리며 명상으로 조용한 이별을 고하고 보내 드렸다.

모셔진 납골함 위에는 흰 종이가 덥히고 장로가 제문을 읊었다. 그 후 나와 동생은 장로의 지시에 따라 세 번 나눠서 흙을 덮고 흙더미를 쌓고 잔디로 덮는 작업을 반복했다. 마지막에 잔디로 마무리를 하자 높이 1.5미터 정도의 둥근 돔이 만들어졌다. 검은 빛의 비석에는 남평문씨 본관이 새겨져 있고 어머니 이름 석자가 선명히 새겨져 있다.

그런 후에 친척들이 정갈하게 준비한 참기름 향기 가득한 생선전이랑 야채전, 과일 등 제수음식을 석판에 차려 놓고 엄숙한 제례가 이어졌다. 장로의 지시에 따라 장남인 동생이 향불 위에서 술잔을 세 번 돌리고 받친 뒤 무릎을 접어 깊은 절로 재배를 했다. 이어서 나도 동생과 같이 순서를 반복하고 나자 친족의 재배가 계속되었다. 묘지를 만들고 이장식과 제사를 마칠 때까지 6시간 정도 걸려 의식이 끝났다.

묘지에서 바라본 전망은 거울 같은 조용한 파도가 순천항에 퍼져 있고 낚싯배가 파도 꼬리를 물고 서로 교차하고 있다. 왼쪽 앞바다는 여수의 산등선이 멀리 보인다. 썰물 때는 광활한 갯벌이 나타나 다량의 조개를 캔다고 한다. 여기서 캔 꼬막은 어머니가 무척 좋아하셨다. 어머니의 요리는 언제나 고향 맛으로 빨간 조개 양념에는 특별한 비결이 있었던 것 같다. 나는 아직 그 맛을 낼 수가 없다. "왜 문자는 음식솜씨가 없어?"라고 자주 말씀하셨다. 남자의 특권처럼 아내 이외의 여성이 있어도 묵인 할 수 밖에 없는 시대를 사신 어머니는 아내로서 자신을 봉인한 채 우리의 어머니로만 살았다. 아내로서 보상받지 못한 어머니의 눈물의 무게를 알아주길 바라며 아버지 무덤에 뒤지지 않는 무덤과 묘비를 세워 어머니의 존재를 과시했다.

한 많은 어머니 인생에 딸의 마음을 무덤에 담았지만 어머니는 어떤 생각을 하고 계실까?

쓸데없는 짓을 했다며 화내고 계실까? 아니면 내 남편이 말한 대로 부처가 되어 벌써 옛날 일은 물에 흘려 보내고 계실 것으로 생각해도 좋을까.

사이 좋게 나란히 있는 무덤을 바라보며 "어머니는 오고 싶지 않았지만 모시고 와버렸어요"라고 아버지께 말을 걸었다.

이로써 딸의 임무는 끝났다고 생각하면 가슴이 뭉클해져 잠깐 동안 흡족한 기분에 잠긴다. 순천항에서 불어오는 만추의 차가운 바람이 나의 뺨을 부드럽게 쓰다듬으며 스쳐 지나간다.

어머니의 빈 자리에 외로움과 슬픔이 덮친 것은 일본에 돌아와서 였다.

그로부터 머지않아 벌써 1년이 되려고 한다.

한 장의 사진

최미귀崔美貴

색 바랜 사진에 여동생과 내가 있다. 여동생이 2살이고 나는 4살 때 사진이다. 털실로 짠 똑 같은 원피스를 입고 웃고 있다. 여동생은 짧은 단발머리이고 나는 머리를 단정히 땋은 머리다.

배경은 토대가 되는 콘크리트가 넓게 깔려 있는 택지다. 건너편에는 소나무 가로수와 단층의 시영주택이 보인다.

그로부터 3개월 후 여기에 유치원이 들어섰다.

재일 한국인 2세인 아버지는 아이들을 좋아해 초등학교 교사를 꿈꾸었다. 그러나 오사카 교육대학에서 면학에 충실하고 있을 때 그의 꿈은 어이없게도 이룰 수 없었다. 평화조약의 발효에 의해 국적 이탈자가 되어 일본학교에서 교사를 할 수 없게 된 것이다.

실의에 빠진 채 대학을 졸업하고 오사카에서 인쇄 회사에 근무하게 되지만 "장남이 뒤를 이어야한다"는 조부의 강한 의지로 2년 후에 하마마츠浜松의 본가로 돌아왔다. 대를 잇는디고는 하지만 규모가 큰 가업이 있는 것도 아니고 조그마한 고도구 가게를 꾸려가는 조부모 명의의 오래된 주거 겸용의 점포에 불과 했다. 아버지는 본가로 돌아와 고등학교를 마치고 일찍부터 아버지 일을 돕고 있는 작은 아버지와 함께 작은 공장을 시작했다. 하는 일은 가게에 반입된 물건에 붙어있는 철붙이를 잘라 프레스를 가해 철강회사에 납입하는 것이 전부인 고철상점이다.

공장을 궤도에 올리기 위해 아침부터 밤까지 땀을 흘리며 2년 동안 열심히 일해 결혼자금을 마련하여 나의 어머니와 결혼했다. 그 이후에도 아버지는 교육에 대한 포부를 접을 수가 없어 일이 끝나면 동지가 모이는 아동문학 연구회에 참석해 밤늦게까지 활동에 몰두하는 나날이었다.

어느 날 연구회의 선배로부터 가슴 설레는 뉴스를 듣게 된다. 하마마츠시 남부지역에 새로 생기는 단지에 유아교육 시설이 필요해 시즈오카현에서 학교법인 유치원 설립자를 모집한다는 정보를 듣게 된다. 연구회 멤버는 적임자로 아버지를 점찍고 있었다. 꼭 모집에 응모해보라는 응원에 힘입어 아버지도 마다하지 않았다.

현에서 낸 모집공고를 보고 신청을 하고 보니 아버지 이외에 3건의 신청이 있었다. 아버지 이외의 신청자는 이미 유치원을 경영하고 있는 경험자로 분원으로 설립을 희망하고 있었다. 아버지는 교원면허를 갖고 있을 뿐 초보자이자 재일한국인이다. 아무리 생각해도 불리한 도전이었다. 설립자 선정에서 현의 교육위원회의 면담이 있었다. 교육이념과 교육방침 커리큘럼 교육자로서 인성 등 세부사항에 이르기까지 검토가 진행되는 도중에 여러 번 불려갔다고 한다. 그 때마다 아버지의 유아교육에 대한 열정과 꿈을 뜨겁게 어필했을 것이다. 그런 한결같은 정열에 담당자의 마음이 움직였던 모양이다. 다른 후보자를 제치고 아버지에게 설립허가가 내려졌다.

그 기쁨도 잠깐 큰 문제에 직면하게 된다. 바로 돈이었다. 설립허가가 나고서 정해진 기간 내에 용지를 취득하고 원사를 세워야 했다.

마냥 "유치원을 세우고 싶다"는 일념으로 달려와 허가를 얻는 데 까지는 왔지만 재일한국인 고물상의 자금이라고는 보잘 것 없었다. 저축이라고는 아버지가 자기 동생 집을 짓기 위해 모아둔 정기적금이 다였다. 어쩔 수 없이 그 돈으로 용지 구입비를 충당했다. 건설자금은 한 푼도 없었다. 은행도 전혀 상대해주지 않았다. 물론 친척 지인에게 부탁해서 해결될 금액이 아니었다. 자금해결책은 나오지 않았다. 그런 와중에 때 마침 드디어 구세주가 나타났다. 할아버지의 바둑친구인 쇼지ㅡ씨였다. 쇼지씨는 곧잘 우리 집에 바둑을 두러 왔다. 집을 드나들면서 조금씩 알게 되었는지 아니면 밖에서 듣고 왔는지 모르지만 아버지가 유치원 설립으로 자금을 조달하는데 어려운 난관에 부닥쳐 있다는 사정을 알고 있었다. 쇼지씨는 아버지를 은행에 데리고 가 자기가 보증인이 될 테니 돈을 빌릴 수 있게 해 달라고 은행원에게 부탁해 주셨다고 한다.

그냥 이웃집 바둑친구 아들에게 그것도 한국인에게 그런 중요한 일을 돌봐 주는 사람이 나타났다는 믿기지 않은 일이 일어났다. 어머니 이야기로는 쇼지씨는 할아버지를 지극히 신뢰하셔서 "최씨의 아들이라면 틀림없다"고 하며 부탁을 한 것도 아닌데 자신의 집을 담보해 주셨다고 한다. 하여튼 그 덕분에 은행에서 건설자금을 빌려 차질 없이 공사가 시작되나.

이렇게 해서 1968년 4월 46명의 유치원생을 맞이하여 염원의 유치원이 탄생했다. 여동생과 내가 찍힌 사진은 같은 해 정월에 찍은 사진이다. 불과

3개월 뒤에는 개원을 해야 하는데 지반은 아직 토대공사에 머물고 있던 시기다. 얼마나 자금모집에 힘들었는지 잘 보여주는 장면이기도 하다. 몸이 가루가 되도록 일하며 마지막까지 꿈을 접지 않고 이루어 낸 아버지이다. 그 길에는 가족은 물론이고 지역 유아교육을 맡겨준 교육위원회 담당자, 함께 배우며 지지해 준 연구회 멤버 그리고 보증인이 되어준 쇼지씨 등 주변의 많은 일본인의 이해와 도움이 있었다.

지금은 물어볼 수도 없지만, 유치원이 생긴 그 장소에 나와 여동생을 데리고 가 사진을 찍을 당시의 아버지의 생각은 어떤 것이었을까? 생각해보면 이 낡은 사진 한 장이 아버지와 유치원의 역사의 증인처럼 생각된다.

함안 조 씨 방일기

조영순趙榮順

동일본대지진 이후 여진이 계속되던 작년 봄이었다.

한국 경상남도 함안군에 사는 사촌이 본가의 어머니께 건 안부 전화 한 통으로 일은 시작되었다.

"올 가을에 여동생 남동생들과 함께 일본 숙모님을 한번 찾아뵙고 싶은데"라고 인사차 건넨 말에 "안 된다"고 대답할 사람은 아무도 없다.

이미 이 세상 사람이 아닌 남편 형의 자식들 즉 조카들이다.

어머니 입장에서 보면 60대 50대의 아저씨 아줌마라고 하더라도 귀여운 조카이고 조카딸이다. 하물며 남편을 잃은 후에도 매년 같이 한국을 방문할 때마다 신세를 졌다.

"실은 여섯 명이 같이 찾아뵙고자 합니다."라는 말을 듣고 어른으로서 일본에 처음 오는 조카와 조카딸을 잘 대접 해야겠다고 어머니는 마음먹었던 것이다.

경상남도 함안군이라는 곳은 시골이나. 그것도 그냥 시골도 아닌 깡촌이다. 이전에 한국어 선생님께서 고향을 물어 보셨을 때 그곳을 말했더니 "아주 시골이네요", "완전 촌이네요"라며 한국인 선생님답게 솔직하게 대답한 그 곳이다.

경상남도 함안군 군북면 동촌리.

옛날 옛적 같이 살던 할머니가 불경처럼 외워서 손자들의 머리에 각인된 고향마을 이름이다.

일본에서 태어난 손자들이 조상의 뿌리인 고향 땅도 모르는 채 반쪽바리가 되는 건 아닐까? 하는 노파심이 할머니에게는 있었다. 손자들에게 주소를 복창 시키고는 마지막에 '함안 조씨'하며 외치는 것 또한 잊지 않았다. 할머니 자신은 김 씨 이지만, 남편의 본관인 함안 조씨라는 것을 자랑으로 여겼던 것 같다. 설령 일족은 가난한 농민이었지만 너희들은 귀한 양반의 피가 흐르고 있다고 할머니는 손자들에게 가르쳐주고 싶었던 거다.

그 함안에서 여섯 명의 손님이 왔다. 고향 땅에서 농사를 짓다 돌아가신 백부님의 장남부부와 차남부부, 서울에 사는 둘째 딸, 부산에 사는 셋째 딸이다. 참고로 장남부부는 육십오 년이 넘도록 한 번도 함안을 나가본 적이 없다. 물론 비행기도 타본 적이 없이 갑자기 외국여행을 하게 된 거다. 게다가 누구 한 명 일본어를 할 줄 아는 사람도 없다. 오는 쪽도 불안하겠지만 맞이하는 쪽은 더 불안하다.

드디어, 시월 말 풍성한 가을에 함안에서 도쿄로 일행이 찾아왔다.

나리타에서 리무진을 타고 시부야로 오도록 사전에 전화로 몇 번이나 확인하고 시부야의 도착 터미널에서 어머니와 첫째언니가 기다리고 있었지만 무슨 일이 생겼는지 제시간에 오지 않았다. 한 시간이 지나 두 시간이 지나려고 할 때 드디어 버스에서 여섯 명이 지친 얼굴을 하고 내렸다.

들어보니 이랬다.

비행기 안에서 세관의 심사카드를 기입할 때 몇 가지 질문사항이 있다. 혹시 마약은 가지고 있지 않는가? 총 같은 위험물은 가지고 있지 않는가? 물론 건전한 서민은 "노(no)"이다. 설령 "예스"라고 하더라도 솔직하게 자기 신고하는 사람은 아무도 없다.

그런데, 처음으로 외국 여행하는 장남 부인이 전부 "예스"에 체크를 했다고 한다.

어쨌든 그녀는 가난한 농가 출신이고 "여자는 학교 따위에 가지 않아도 돼"라는 아버지 말대로 학교를 안 다녀 글자를 모른다. 뭐가 뭔지 모르는 채로 예스에 체크를 했다고 한다. 두말 할 것 없이 당연히 입관에 걸렸다. 그것만이 아니다. 그들의 행동에 하나 더 의심스러운 점이 있었던 것이다. 생애 처음 타본 비행기에서 예쁜 언니들이 서비스 해주는 차와 커피 주스 맥주를 모조리 다 마셔버렸다고 한다. 결국 나리타에 도착하자마자 여섯 명 전원이 화장실에 들어갔다고 한다. 입국관리국직원의 입장에서 보면 밀실에서 마약이라도 숨기려고 하는 것 인가하고 수상하게 여겨도 이상하지 않을 정도였다. 그 자리에서 여섯 명 전원이 사무실로 연행됐다고 한다.

하지만 여섯 명 모두 일본어가 통하지 않는 것은 물론이고 말할 수 있는 건 경상도 사투리다. 직원의 일본어 따위 알아들을 리 없다. 유일하게 기댈 곳은 3박 4일을 이 집에서 묵을 것이라고 세타가야世田谷의 주소를 보어주사 이런 많은 인원이 정말 묵을 수 있는가? 하는 얼굴을 했다고 한다. 어쨌든 얼굴을 보면 전원 건강하게 그을린 순박 그 자체의 시골 아저씨 아줌마이지

절대로 어떤 위험한 것을 숨기고 있을 것 같아 보이지 않았는지 무죄석방 됐다고 한다.

그런 소동이 있은 후 감동의 대면이 시작됐다. 얼굴을 보고 눈을 보자마자 사촌끼리 첫 대면이지만 함안 조 씨의 핏줄이 당기는 건지 서로를 붙잡고 부둥켜안고 아이고 하면서 나도 모르게 나온 내 목소리에 나도 놀랐다. 아니 이건 뭐야 나도 영락없는 한국 아줌마잖아. 한숨 돌리고 찬찬히 한 명 한 명의 얼굴을 살펴보니 그 트러블메이커 큰오빠 부인을 제외한 여자 셋의 눈이 또렷한 쌍꺼풀에 오뚝한 코다. 일본에서 태어난 우리들 세 자매의 눈은 좋게 말하면 옆으로 길게 찢어진 외거풀이고 코는 낮지도 높지도 않은 좋게 말해 애교 있는 코이다. 다시 말해 유서 깊은 함안 조 씨의 얼굴 생김새를 핏줄첫럼 소중하게 지키고 있건만. 아이고……….

경상도 사투리로 사촌들이 돌아가신 삼촌께는 큰 은혜를 입었다는 말을 잊지 않았다. 이번 일본방문은 관광여행도 아니고 하물며 맛있는 것을 먹으러 온 것 또한 아니다. 하지만, 일본의 스시는 좀 먹어보고 싶긴 하다고 한다.

삼촌은 한국전쟁 후에 너무 가난해 극빈에 허덕이며 있던 우리 집을 구해 준 대은인이다. 삼촌은 소식을 모르던 고향 집을 찾아내어 손 놓고 있던 논밭을 다시 사서 소작으로부터 해방시켜 주신 감사한 분이다. 더군다나 뒷산에다 번듯하게 조상의 무덤을 세워 귀울어가던 우리 집안을 세우고 다 쓰러져가던 집을 훌륭한 벽돌집으로 새로 지어 주기까지 하셨다. 가난한 집에 자식농사만 짓는다는 옛말이 있듯이 애가 많은 가난한 우리 집에서 중학교라도 갈수 있을까? 어떨까? 모르는 정도였는데 여동생들을 고등학교까지 가게 해 주셨다. 삼촌 덕에 요즘은 사는데 조금은 여유가 생겨 이렇게 일본에도 오게 되었다며 도착하자마자 바로 삼촌 묘지를 참배할 생각으로 왔다고 한다. (이 이야기를)아버지께 들려주고 싶었는데.

그렇게 해서 여섯 명은 바로 아버지 묘지 참배를 마치고 버스로 도쿄구경을 하고 스시를 배달시켜 배불리 먹고는 무사히 3박 4일의 일본방문 일정을 마쳤다.

잠깐 여기서 한 가지 더 선물 이야기를 빼놓을 수 없다.

좀 지난 이야기이지만 일본 선물이라 하면 전기밥솥, 전기포트, 인스턴트커피 정도가 보통이었으나, 최근의 유행은 카레 루와 버터 커피콩 등으로 경제발전과 더불어 한국인의 식생활도 풍성해진 것 같다. 가까운 슈퍼에 여럿이 가서 카레 진열대와 버터 진열대를 비워버렸다.

그리고 귀국 전날 실은 부탁이 있다고 하며 일본의 식칼은 칼날이 이가 잘 안 빠지고 최고라는 소문이다. 딸아이의 살림 장만 등을 포함해 식칼 8자루를 사야 한다고 한다. 언니들이 한가한 네가 백화점에 가서 사오라며 재촉해 서둘러 백화점에 가서 식칼 진열장도 다 비워 버렸다.

어느덧 헤어지는 날이 다가왔다.

본가에서 택시 두 대에 나눠 타고 시부야의 리무진 정류장으로 향했다.

건강하게 지내고 다시 와요. 하고는 뜨거운 포옹으로 한국식 이별을 한 뒤 보내면서 부디 식칼은 기내 손가방에는 넣지 말라고 거듭 주의를 주는 것도 잊지 않았다.

손자 이름은 발렌티노

박정숙朴貞淑

오월 중순 독일에 사는 딸이 손자 둘 중에 초등학교 1학년이 된 손자를 데리고 일본에 왔다. 둘째는 아빠한테 맡기고 일 년 반 만에 일본에 왔다. 이번에는 장남이 일본 초등학교에 입학해 체험해 볼 목적으로 엄마와 단 둘이 온 여행이었다.

딸 일가는 독일남부 바이에른 주에 살고 있다. 일본의 황금연휴와 같은 휴가가 2주간 정도 있는데, 딸은 장남의 일본어 교육을 위해 이 기간에 맞춰 오려고 오래전부터 계획을 세운 모양이다. 한편 손자는 지금까지 즐겨온 여행과는 달리 혼자서 모르는 세계에 들어간다는 두려움이 컸는지 "난 가기 싫어"하며 마음이 내키지 않았던 모양이다. 딸 나름대로 회유책으로 사촌 다카와 언제든지 놀 수 있고 좋아하는 회전 스시를 먹을 수 있다고 설득한 게 먹혀 다행히 일본행이 정해 졌다고 한다.

일가 4명은 매년 일본에 온다. 그러면 나와 손자의 대화는 일본어로 아무런 불편함을 느끼지 않는다.

이번에도 선물을 고를 때 내가 "이건 좀 부피가 있네"라고 하면 "할머니 부피가 무슨 뜻이야?"라고 모르는 말을 알려고 하는 지식욕에 감동한다.

딸이 자식 둘의 일본어 교육에 열정적인 것은 할머니를 위한 것이면서 딸 자신을 위한 것 이상의 것이기도 하다.

재일 3세인 딸은 일본 국립 교육대학을 나왔지만 교사가 될 수 없어 꿈과 희망을 접고 자괴감과 절망감으로 한동안 우울했다.

태어나고 자란 아이치愛知현에서 아니 한국과 일본을 훨훨 벗어나 넓은 세계를 보고 싶다는 그런 일념으로 영어를 배우기 위해 미국유학을 원했다. 대학 졸업 후 2년간 회사에서 일해 번 돈을 믿고 미국행을 결심하고 준비했다. 딸에게 꼼짝 못하는 아버지는 반대도 못하고 마냥 난처해하고 있었고 나는 완강히 반대했다. 얼마 전에 나고야의 고등학생이 홈스테이 하는 집의 할로윈 파티에서 사살되는 비극이 있었기 때문이다. 딸은 딸대로 부모의 반대를 뿌리칠 용기도 없이 마음이 마음이 아닌 상태였다. 괴로워하는 딸을 보는 것도 힘들어 "넓은 세계도 좋지만 연세대학교 어학당도 인터내셔널한 넓은 세계가 있는 것 같은데"하며 권하자 마지못해 울며 겨자 먹기로 그녀는 서울로 향했다.

1년 반의 유학생활로 우리말을 배우고 나서 딸은 자기 자신을 돌이켜 볼 수 있는 기회가 만들어졌다. 하지만 대학원 진학도 막히고 한국어를 살린 취업도 잘 안 되자 실의에 가득한 채 집으로 돌아와 다시 2년간 일하고는 "역시 미국에 가고 싶다"고 닭똥 같은 눈물을 흘린다. 이때만큼은 내가 딸의 자유를 억누르고 온 것을 후회했다. 그래도 나는 딸을 미국에 보낼 용기가 도무지 나지 않아 결국 영국이라면 보내겠다고 부모 자식 간의 타협이 이루어져 4년이라는 먼 길을 돌아 처음 희망한 영어권으로 유학하게 되었다.

난 괴물 같은 미국에 비해 런던에 안도했다. 영국 런던 어학교에서 이탈리아에서 온 남성과 알고 지내면서 설마 하던 서양인과 결혼했다. 영어를 좀 하게 되자 이번에는 이탈리아어를 공부하게 된다. 문화가 다른 서양 사람과의 결혼을 찬성하지 않았지만, 딸의 운명이다 생각하며 친척에게도 이웃에게도 알리지 않고 이탈리아로 보냈다. 생활이 힘들면 언제든지 돌아오라고 했다. 이탈리아 생활이 좀 익숙해질 무렵 사위의 근무처가 독일로 옮겨져 이번에는 독일어를 공부해야 했다. 꿈과 희망을 위해 한국어 영어를 배웠고 사랑을 위해 이탈리아어를 생활을 위해 독일어를 배워 너무 고생스러울 것 같아 마음이 아팠다. 그러는 동안 여권, 재입국, 외국인등록증, 운전면허 갱신 등으로 매년 돌아왔다. 2003년 말에는 사위의 전근으로 일본에 왔다. 4년간의 전근생활 동안 아버지가 돌아가시는 슬픔은 있었지만 지금과 같은 행복한 생활의 출발점이 되었다. 일본어를 사용하고 일본음식도 실컷 먹고 도쿄의 대도시를 돌아다니고 부모 형제와 언제든지 만날 수 있고 좋아하는 여행도 주말마다 다닐 수 있어 딸의 일상은 빛나고 있었다. 언어 스트레스로부터 해방되어 아이도 가졌다. 사위는 일본어를 몰라 영어가 통하는 아동병원에서 출산하길 원했다. 나와 딸은 평소에 언니라 부르며 따르는 오타구에 살고 있는 양순씨에게 도쿄의 엄마가 되어 달라고 부탁하고 시부야구에 사는 친구 영자에게는 이모가 되어 주길 부탁했다.

도쿄의 엄마 양순씨는 한국 사람은 산후에 미역국을 먹어야 한다며 미역국을 만들어 집까지 몇 번이나 갖고 왔다. 도쿄의 이모는 꽃다발과 군고구마를 갖고 문병을 왔다. 덕분에 딸은 산후 배알이가 완전히 없어져 평생 잊을 수 없다고 감사하고 있다. 미역국 덕분에 딸은 아이 둘을 모유로 키웠다. 그 후 독일에서 둘째를 출산 해 내가 갔을 때 사위가 만든 미역국이 냄비 한가득 부엌에 있었다. 그는 출장으로 일본에 와서 미역을 보면 저절로 사고 싶어진다고 한다. 일본에서 출산해서 키워서 인지 손자와 일본어로 이야기 하는 게 자연스럽다. 출산 휴가가 끝나고 보육원에 맡겨두고 아침저녁으로 도와주는 도우미가 업고 자장가를 불러준다. 아빠도 그에 질세라 회사에서 돌아오면 아기를 돌보며 이탈리아어로 말을 걸며 서로 경합이라도 하는 듯하다. 일본이라 아무래도 딸이 우세했다.

이탈리아 독일에서 일본어를 할 수 없었던 스트레스는 이루 말 할 수 없었던 것 같다. 언어는 정신의 표상이기에 더욱 그랬을 것이다.

지금 손자들은 엄마의 나라도 아빠의 나라도 아닌 아빠의 근무지인 독일에서 살고 있다. 각각 7살 5살이 되었다. 가족어는 이탈리아어 엄마와는 일본어 형제 둘이 밖에서 놀 때는 독일어 3개 국어가 교차하면서 모두가 자연스럽게 스트레스가 없는 생활을 보내고 있다. 딸은 일본어가 도태되면 안 된다며 필사적으로 애들과 대화할 때 쓰고 있다. 일본 출생의 발렌티노는 일본 음식을 좋아하고 독일 출생의 둘째 레오나르드는 파스타를 좋아한다. 사람이란 태어난 곳의 토지에서 만든 음식과 말은 DNA에 조합되는 것 같다.

딸은 자신의 세계를 넓히기 위해 언어를 습득하는데 많은 에너지를 소비해 왔지만 자신에게 행복감을 전해주는 일본어에 새삼 눈뜬 것 같다.

귀국동포의 친족 행방 찾기

이숙자 李淑子

반세기 전에 귀국한 시동생 시누이를 만나러 2013년 〈가족방문〉으로 북한을 다녀왔다. 만경봉호의 취항이 7년 전에 금지된 이후 가족방문의 여행은 북경을 경유하는 항로로 바뀌었다.

거대한 북경 공항을 경유하는 것 자체가 노인에게는 가혹한 것이었다. 일본어나 한국어 표기 안내가 있는 것도 아니고 일본과는 비교할 수 없을 정도로 복잡했다. 고령자는 일행을 놓치지 않을려고 단장은 길을 잃는 사람이 없도록 최선을 다했다. "만경봉호를 이용 할 때가 좋았다"라는 한탄의 소리가 들려왔다.

우리 집도 80세와 74세의 노부부이다. 게다가 남편은 심장과 허리에 지병이 있어 구급차 신세를 진 적이 있다. 그런 것도 염두에 두고 이번 가족방문 계획을 세운 것이다. 남편에게 무슨 일이 일어나도 북한에서 남편 형제가 달려오는 것은 불가능 하다는 것을 잘 알고 있다. 남편은 6남매 중에서 장남으로 태어나 고생을 많이 했는데 현재 남아있는 육친은 북한에 있는 형제 두 명만 남았다. 평소에 싸움만 하던 남편이 불쌍해 졌다. 그래서 이번이 마지막이 될 지도 모른다는 생각에 방문을 했다. 이 여행도 기진맥진 피곤하지만 시누 부부 가족 친인척을 포함해 지인들도 만날 수 있었다. 아쉬움을 뒤로 한 채 무사히 일본으로 돌아왔다.

여독도 풀리고 사소한 일처리도 끝내고 느긋하게 지내고 있을 무렵 북한에서 한통의 편지가 왔다. 방문 후 첫 편지다. 보낸이가 강영주와 장미순이다. 이 두 사람은 방문 때 못 만났던 사람이다. 편지를 읽으면서 방문을 무사히 마친 홀가분한 마음이 갑자기 뾰족한 것에 찔린 듯한 아픔이 지나갔다.

강영주와 장미순은 시누와 같은 지역 귀국자이다. 둘 다 일본 가족으로부터 지원이 끊겨 생활이 어려운 처지였다. 시누를 통해 일본 친척과 연락이 닿을 수 있도록 도와 달라는 부탁을 받았다. 이러한 의뢰는 이전부터 종종 있었으며 나는 별 생각 없이 곧잘 들어주었다. 무슨 이유인지 일본에 있는 친척과 멀어진 관계가 나의 개입으로 연줄이 닿아 귀국자를 지원 하게 되었다는 이야기를 듣기만 해도 기쁘기 그지없다.

나도 처음에는 귀국하려고 생각한 적이 있다. 그런 만큼 귀국자의 곤란함을 알게 되면 반사적으로 남의 일처럼 여겨지지 않는다. 살아남으려고 지원을 요청하는 것은 당연하다. 일본에 남은 내가 그런 사람을 도와주는 것 또한 당연하다고 생각한다. 수십 년 전에 귀국했을 지도 모를 과거의 나에게 50년 후의 내가 나에게 손을 내미는 듯한 느낌이다.

오늘이라도 일본에 있는 누구로부터 어떤 소식이 오지는 않을까? 허무하게 하늘을 쳐다보고 있을 귀국자의 모습이 머리에 떠오른다. 그것은 귀국했을 지도 모를 나 자신의 모습 일지도 모른다. 친동생이 없는 나는 일본에 남아 있는 누구에게 지원을 요청할 만한 사람도 없다.

2년 전의 이야기로 거슬러 올라가면 시누이부탁으로 강영주와 장미순의 편지를 그녀의 친척 앞으로 보냈다. 먼저 반응이 있은 것은 강영주 쪽이었다. 언니로 보이는 사람한테서 게릴라 호우 같은 항의 전화가 걸려왔다.

"쓸데없는 짓 하지 마세요"라고 그녀는 무턱대고 화부터 냈다.

"돈은 오이타의 ㅇㅇㅇ에게 부탁해 뒀어요. 오이타의 ㅇㅇㅇ이외 신용하지 않아요. 괜한 수고하지 마세요."

그렇게 화를 내고 전화를 끊었다. 상대방 전화번호를 물어볼 경황도 없었다. 생각지도 못한 일에 쇼크를 받은 나는 영주의 편지에는 송금해 달라는 직접적인 표현은 없고 "도와 달라"고 써져 있는 것이 떠올랐다. 송금에 대해 말한 것은 나였다.

경제 제재하의 지금도 귀국자에게는 공적으로 송금할 수 있다. 경제산업성의 관할하에 인도적 지원이라는 범위 내에서 이루어진다. 국제우체국에 가서 〈보험보장서장〉을 신청하면 된다. 소액도 보낼 수 있으며 수수료도 싸다. 예를 들면 5만엔을 송금하는데 650엔 든다.

그런 자잘한 처리방법을 가이드 할 생각에 쓴 것이 기분을 상하게 한 것 같다. 자기 지갑에 손을 댄 것 같이 느끼는 것 같다. 송금 사기가 아니라는 것을 의식해서 안내한 것인데 강영주씨에 대한 지원의 기회를 망쳐버린 듯 하여 뒷맛이 영 아니다. "돈이 없는 거야 그 언니도 이제 나이가 들어서"망언자실 해 있는 나에게 옆에 있던 남편이 중얼거린다. 수화기 넘어 들려오는 소리가 전부다 들린 것 같다.

그럴 지도 몰라. 귀국자 친척이 있는 재일코리안 세대는 나이가 많다. 그 당시 스물 살이었던 나부터 노인이 되었다. 어느 세상이든 나이를 먹는 것은 경제적으로 약자이지만 특히 우리세대의 재일 코리안은 일본의 국민연금제도에서 배제되어 압도적 다수가 무연금자이다. "귀국한 누구누구를 생각하면 후원해주고 싶은 마음은 꿀떡 같지만 내 몸 하나 근사하는 것만으로도 버겁다. 그럴 여유가 없다"고 말하는 이도 적지 않다. 그렇기는 하지만 영주언니가 존재하는 것은 증명된 것이라기보다 낭보로 여겨졌다.

영주와 시누에게 보고 편지를 썼다. 특히 영주에게는 언니한테서 연락이 없어도 편지를 계속 쓰라고 강조했다. 귀국자 가족의 마음을 움직이는 것은 편지를 쓰는 방법밖에 없다. 영주한테서 편지가 왔다. 생활의 어려움과 후원을 기대하며 언니 앞으로 쓴 편지다. 나는 다시 언니에게 전송했다.

"언니로서 이런 편지를 받는다는 게 힘들겠지만 전달하는 나도 힘듭니다. 하지만 가장 힘든 사람은 동생입니다"이번에는 엄중히 썼다. 무서운 전화를 기대했지만 전화는 없었다. 아쉽게도 이후에도 〈오이타 ㅇㅇㅇ씨〉경유의 송금은 고사하고 언니로부터 편지 한 장 없다고 하는 걸 듣고 실망했다. 장미순의 올케 앞으로 간 편지는 반송되어 왔다. 올케의 주소는 관서지방의 민간아파트에 살았는데 봉투에는 "해당주소에 아무도 없습니다"며 우체국스탬프가 찍혀 있다.

그 올케는 2004년에 미순 일가를 방문했다고 한다. 그때 올케와 조카가 함께 찍은 사진이 도착했다. 조카와 어깨동무를 하고 있다. 올케가 "우리 부모님의 묘지를 지켜주고 일찍 세상을 뜬 동생대신에 혼자서 열심히 3명의 조카를 키워줘서 고맙다"며 칭찬해 주었다.

그리고 조카들이 결혼할 때는 알리라며 그때를 대비해 저금한 걸 송금하겠다고 약속했다. 하지만 미순은 이때 이미 지금은 생각할 수 없는 실수를 했다. 그때 도와주겠다는 올케의 제안을 단칼에 거절했다고 한다. 자식들을 다른 사람에게 부탁하지 않고 자기 힘으로 살아갈 수 있는 사람으로 자라길 바라는 마음이었다고 나에게 보낸 편지에 적고 있다. 2년 전인 2002년에 북한은 경제개혁을 하였다. 개인경제활동이 인정되고 거리에는 공설시장이 열리고 그때까지 암시장으로 열려온 농민시장이 공인되기도 했다. 화려하면서 값이 싼 중국제품이 거리에 넘쳐나고 시장에서 손에 넣을 수 없는 것이 없을 정도이다. 일본에서 보내는 헌 옷은 이제 필요 없다고 우리 친척들도 편지에 쓸 정도였다. 미순이 올케가 마지막에 방문한 2004년은 오랫동안 고난을 견뎌 온 인민이 겨우 경제 활성화를 실감하고 미래가 조금이라도 밝아질 것으로 기대하는 해이기도 했다. 우리 부부도 그해에 방문했고 사람들 표정에 웃음꽃이 피고 앞으로의 희망을 입에 담기 시작한 것이 생각난다.

미순이가 깨끗이 올케의 제안을 거절한 것은 이런 시대적 영향이 있는 게 틀림없다. 그로부터 10년이 지난 지금 북한이 처한 곤란함을 보면 정상적 일리 없을 것 같다. 세계 경제망 속의 북한 지방에 살고 있는 서민 생활은 이미 밑바닥으로 떨어졌다. 미순이는 30살의 장남과 자남 두 명도 20대가 되었다. 자식들이 결혼적령기에 접어들었지만 최소한의 여유도 없는 생활 탓에 결혼은 생각지도 못한다고 쓰여 있다. "아이들이 결혼할 때 축의금을 주겠다"는 올케 말이 떠올랐다.

미순이가 올케 앞으로 보낸 편지가 되돌아온 경우는 최악의 경우이다. 2005년 개인정보보호법이 시행된 이후 타인의 행방을 추적하는 것은 불가능 해졌다. 타인의 주민표나 외국인등록증 등을 입수하는 것은 금지 되었고 전출처를 찾아가는 것조차 안 된다. 그것을 알고 있었지만 나는 올케가 이전에 살고 있던 시청에 상담을 하기도 하고 전화국에도 알아봤지만 예상대로 거절당했다. 생사확인 조차 할 수 없게 되었다.

흥미로운 것은 지인인 변호사의 의견이다. 개인정보보호법 시행 이후에는 변호사조차 개인정보를 조사 할 수 있는 것은 상속에 관한 것에만 한정되었다고 한다. 더욱이 재일 코리안의 경우 상속재산을 둘러싸고 의뢰인이 고액의 변호사비용을 들여 상대의 행방을 찾아내도 그 상대가 자신의 신분을 밝히는 것을 거부하는 경우가 늘고 있다고 한다. 그리고 고인이 재산을 남긴 경우라도 일본에 자식이나 손자 등 직속 상속인이 있는 한 재산은 그 직계가 상속받을 수 있어 북한의 조카한테까지 배분되는 경우는 적다고 한다.

요즘에 들어 지원은 접어 두더라도 적어도 미순이 올케의 생사라도 확인하고 싶은 심정이다. 그래서 조총련에 상담하기로 했다. 해당지구의 총련 지부에 전화를 해 갖고 있던 사진을 보냈다. 의외의 성과가 있었다. 사진을 보고 아는 사람이라는 여성이 나타났다. 그것도 2004년 그 올케와 함께 만경봉호를 타고 북한을 방문한사람 이었다. 이것으로 해결되겠다고 기대했지만 그 올케는 가정 방문 후에 총련을 떠난 것을 알게 되었다. 그래도 총련 담당자는 해당지역 아파트를 방문해 주었다. 그런데 그 아파트는 이미 흔적도 없이 다른 것으로 바뀌어 있었다. 우체국의 "해당주소에 아무도 없습니다"라는 스탬프 대로였다. 고맙게도 총련은 아파트 주인을 찾아 그녀의 사진을 보여주었다. "이 사람 여기 살았다"며 집주인이 증언해 주었다. 하지만 어디로 이사했는지는 알 수 없었다. 이상의 내용이 2013년 방문이전의 자초지종이다.

할 수 있는 것은 다 했다고 미순이와 시누에게 보고할 수밖에 없었다. 비록 찾지 못했지만 북한에 가기 전에 하나라도 결론이 났다는 것으로 어깨가 조금은 가벼워졌다. 북한을 방문할 때 시누 집에 도착하고 보니 "영주와 미순이가 손님 맞이용 맥주를 25병 보내줬어요"하고 시누가 전한다.

"아무 도움이 되지 못했는데"하며 당황해하자

"두 사람 다 지금껏 친척 찾기를 해왔지만 이렇게 친근히 대응해 주는 사람은 처음이어서 감사할 따름이라며 마음을 전해달래요" 시누의 말에 뭔가 나 자신이 자랑스러워져 등을 펴고 나를 쳐다봤다.

시누는 집에서 남편의 80세 생일 축하를 준비하고 있었다. 맥주를 보내준 두 사람은 그 자리에서 맥주를 마셔야 한다고 한다. 알코올을 전혀 못하는 나는 몸 둘 바를 몰라 했다. 맥주 값을 대는 것도 만만치 않을 텐데.

평양 호텔 체제 중에 방문단 정보통으로부터 들은 말로는 이 나라의 최대 문제는 일이 없다는 것이다. 일이 없으니 수입이 없다. 대규모 건설 현장 등 일본 텔레비젼에서 방송되지만 그기에 동원되는 남자들의 임금을 지불하지 않는다는 것이다. 수입 없이 어떻게 살아가느냐고 놀래자 "모든 것이 여자 어깨에 달려있다"고 한다. 시장에 나가 장사를 하든가 집에서 중국제품 가

내부업을 하든가. 특히 가내부업의 대가가 돈이 아니라 식용유나 밀가루 등의 현물 공급이라고 한다. 현물공급이 요즘 늦을 때가 있다며 얼굴을 찌푸렸다.

이런 생활 속의 맥주 25병이었던 것이다. 축하 자리에 둘을 초대했지만 다 거절했다고 한다. 두 사람의 선물이라도 들고 올 걸 하고 후회했지만 이미 늦었다. 시누와 의논한 끝에 5천엔을 봉투에 넣어 두 사람이 나눠 쓰라고 전하고 시누에게 맡기고 왔다.

방문 뒤 우리 뒤를 쫓아오듯이 도착한 한통의 편지는 두 사람으로부터 감사의 인사로 가득했다.

"정말 감사합니다. 돈을 앞에 두고 눈물을 흘렸습니다. 골육을 나눈 언니는 아무런 연락이 없는데 만난 적도 말을 나눈 적도 없는 타인의 언니가 이렇게 생각해주니 한없이 감사하여 어떻게 인사 드려야 할지 모르겠다"고 강영주가 보냈다. 골육을 나눈 언니라는 표현 말고는 장미순의 편지도 거의 같은 내용이다. 한사람한테 불과 2500엔 밖에 안 되는 금액에 난처할 뿐이다.

장미순은 작은 카피종이를 동봉했다. 자세히 보니 미순의 올케 이름이 명기된 일본의 〈장애자수첩〉 카피였다. 올케가 마지막으로 보낸 짐을 다시 뒤져보니 나온 거라며 "실례인줄 알면서 이렇게 보냅니다. 기분 나쁘게 생각마시고 받아주세요."라고 적혀 있다. "만일 올케가 찾아지면 이것을 보여주면 나를 생각할 계기가 될 거에요."여기까지 읽고 나는 생각을 멈췄다. 그녀가 이렇게 까지 쓴 의도를 몰랐다. 올케의 행방을 모른다고 분명히 전했는데 마치 뫼비우스의 띠처럼 지금부터 계속 어디까지 인연을 이어갈지 불안해 졌다. 장애자 수첩 카피는 2003년(헤세15년)에 발행되었고 기간은 2005년(헤세17년)까지다. 6년 전에 끝난 것이다. 마음을 안정시키려고 매일 그 종이를 보고 있던 차에 헛수고가 될지 모르지만 다시 한번 찾아보자고 용기를 낸 것이 행운이었다. 먼저 장애자수첩에 대해 알아보았다.

사회보험센터에 문의하자 장애자수첩은 장애의 정도를 적은 수첩이고 장애자 연금과는 관계가 없다고 한다. 2급이라는 기재가 있다. 이정도면 생활이 불편해 도움이 필요한 급수라 한다. 관할하고 있는 곳은 지역에 있는 복지센터라고 한다. 해당지역 복지센터에 연락해 올케를 찾고 있는 이유를 밝혔다. 그 결과 미순의 아들이 20세 이전 연령이고 북한에서 정식 의뢰를 하면 현주소 또는 생사정도를 알 수 있다고 한다. 미성년자의 보호를 위한 권리라는 법률에 근거한 것이다. 하지만 미순이의 아이 3명다 20대라 해당하지 않는다.

담당자 여성의 응대는 참으로 정중하지만 생사를 묻는 나의 질문에는 흔들림 없이 완강히 거절한다. 물론 개인정보보호법에 의한 것이다. 다른 방법이 없을까?

그 복지센터 여직원이 보기 안타까운지 경찰에 수색원을 내보는 건 어떨까. 제안해 주었다. 지푸라기라도 잡는 심정으로 나는 현청에 연락을 하였다.

바쁜 탓인지 대응 경찰은 조급히 "해당 행방불명자를 발견하면 바로 데려가다는 약속이 있으면 몰라도 그렇지 않으면 수색원을 접수할 수 없다"고 단숨에 지껄여 댄다.

이런 시스템이라는 걸 알고 여기서도 나는 조용히 물러날 수밖에 없었다.

유대관계가 무너진 무연사회가 되었지만 사람 찾는 게 어려워지면 조금의 실수나 연락이 소원해지면 간단히 인연이 끊어져 무연고자가 되기 십상이다.

북한에서 편지가 왔다. 방문이후 2번째 편지이다. 미순이가 나에게 장애자수첩 카피를 보낸 경위가 적혀있다. 나의 의문은 풀렸다. 장미순이 카피를 발견하고 시누에게 보였을 때 시누는 장애자수첩을 장애자 연금수첩으로 혼동한 것이다. "미순의 올케는 장애연금을 받고있으니까 총련 행정에 문의해보면 금방 주소를 알 수 있다."라고 하며 나에게 카피를 총련에 보내라고 재촉한 모양이다.

개인정보보호법 시행으로 사람 찾기가 극단적으로 곤란한 점에 대해서는 그녀에게 전하고 왔는데 그것이 사회 전체에 영향을 주고 있다는 것을 북한에 있는 시누가 알리 없었다. 일본을 떠난 지 반세기가 지났다.

그녀의 편지로 미순의 편지 진의를 알게 되어 다행이다. 올케의 행방불명을 받아들이면서 올케를 찾아줄 것을 부탁하는 심정이라고 판단했다. 정면으로 말하는 것을 꺼려 돌려 말한 것으로 안심하며 내 속의 응어리도 사라졌다.

신변 정리겸 마지막 가족방문을 할 예정이었지만 그렇게 간단히 사람의 인연을 내치는 게 아니라는 것을 이번 사람 찾기를 통해 배웠다. 사람은 편지나 만남으로 깊어지는 정이 있다. 그렇다면 한층 더 바다 건너편에 있는 인연을 고맙게 여기고 갈 수 있을 때까지 가보려 한다. 그게 내 성질에 맞는지도 모른다고 생각한 더운 여름날이었다.

서울 하늘에 울려 퍼진 우리 교가

최정자崔正子

황금색으로 물든 경복궁 동쪽 은행나무 가로수 길에는 대형 버스에서 내린 관광객으로 붐볐다. 우리 일행도 경복궁 수문장 교대식을 보기 위해 발빠르게 정문으로 향했다. 광화문 앞은 이미 많은 관광객으로 가득하다.

둥둥 북소리가 밝고 맑은 가을 하늘에 울려 퍼진다. 한국 사극에서 익히봐온 근위병들이 색이 선명한 민족의상을 입고 나타나면 여기저기서 환성이 들려온다.

마구 엉킨 군중 속에 수학여행을 온 건지 일본고등학생 그룹이 눈에 많이 띈다. 백발이 섞인 N군이 어찌된 영문인지 여자고등학생들과 자랑스럽게 웃으며 이야기를 하고 있다.

"너희들 어디서 왔어?"

"가고시마鹿児島에서요. 아저씨는요?"

"아저씨는 중학교 동기생이야. 50년 만에 수학여행 온 거야"

"와아 멋있다"

나는 전쟁이 끝난 이듬해 피난처였던 센다이仙台시에서 태어났다.

1958년 4월 시립 미야기노宮城野중학교에 입학했다. 시내 동부에 위치한 큰

학교로 당시 한 학년이 10반까지 있었다. 학년이 오를 때마다 반 편성으로 친구들의 폭이 넓어져간다. 나의 오빠 언니들도 같은 학교에 다녔다.

네 살 위인 오빠들과 졸업 할 때는 중학교와 가까이 있는 현립종합운동장(지금은 프로야구라쿠텐구장_{楽天球場})으로 내려가는 미야기노제방에 싸리나무를 심은 기억이 있다.

나의 동기생 중에는 동포학생이 10명 정도 있었지만 북한으로 귀국이 시작되자 반 이상이 귀국했다. 가난한 생활 속에 대학진학을 포기한 오빠도 고등학교를 졸업한 그해 봄에 공부를 계속할 수 있다는 꿈과 희망을 안고 혼자 귀국선을 탔다.

시간이 흘러 서울올림픽이 열린 1988년 여름 나는 두 명의 아들을 데리고 오빠가족을 만나기 위해 평양으로 향했다. 재회의 흥분이 식지 않은 원산항 근처 식당에서 나는 소중하게 갖고 온 한 권의 책과 한 장의 사진을 오빠에게 건넸다. 서적은 오빠의 고교선배인 이노우에히사시_{井上ひさし}가 성곽도시 센다이시를 무대로 명문고교의 문제아 4명이 일으키는 명랑한 청춘을 그린 『신록은 무성하다_{青葉繁れる}』 였다. 사진은 오빠가 졸업할 당시의 모습이 남아있는 중학교 고등학교를 찍은 것이다.

그리운 듯 사진을 보고 있던 오빠는

"미야기노 싸리나무는 많이 컸겠어"라고 회상했다. 외로움이 가득한 오빠의 그때의 표정은 지금도 잊을 수 없다. 18세에 일본을 떠난 오빠는 이미 40대 중반을 치닫고 있었다.

센다이를 떠나와 도쿄에서 오랫동안 생활한 나는 언제부터인가 급우들과 소식을 끊은 채 지내고 있었다. 1960년 졸업 후 30년 만에 열린 동창회에 나는 오랜만에 참가했다. 센다이 역에 있는 어느 호텔 장소에서 보면 알 수 있는 3학년 3반이었던 친구들이 테이블을 둘러쌌다.

"최정자 일본에 있었구나 북한으로 귀국했다고 듣고 있었는데 이렇게 다시 만나다니"

꽉 잡은 손길을 타고 단발머리의 교복모습이 또렷이 되살아난다.

"너 살아 있었나? 안 갔었나? 다행이다야."

센다이 사투리로 담임 선생님께서 말을 걸어오면서 안경을 벗고는 손수건으로 눈시울을 적신다.

이후 이듬해부터 관동지역 졸업생이 모여 〈도쿄·미야중회宮中会〉를 결성해 가끔 만나 친목을 나누고 있다.

"아사쿠사에서 라인 댄스를 보고 놀랬지?"

흑백 졸업 앨범에 실린 사진을 보면서 수학여행으로 도쿄에 처음 왔을 때 기억을 되살리며 이야기꽃을 피운다.

"그래 아직 건강 할 때 같이 여행가자. 50년만의 수학여행. 최정자 한국가고 싶지."

이야기가 갑자기 꽃을 피우며 65세를 맞이한 2010년 10월 하순 2박 3일 일정으로 한국행을 정했다. 총 26명의 여행단이 만들어 졌다.

나는 총무 중 한사람으로 안내원 역할을 맡았다. 비행기 호텔예약 스케줄 작성 등 예정일이 다가올수록 모든 일이 힘들어 졌다.

간사회의에서 홍보담당 S군이

"여행 중에 가장 큰 이벤트로 합창을 하고 싶다. 아리랑을 꼭 한국어로 부르자!"고 제안해 내가 악보와 한국어 가사를 준비하게 되었다.

무더운 더위가 맹위를 떨치던 해였다. 10월에 접어들자 조금씩 가을 느낌을 느낄 수 있게 되었다. 드디어 출발하는 아침. 막 오픈한 하네다 공항 신국제 터미널 로비로 겉옷을 하나씩 챙겨 들고 약간 들뜨고 밝은 모습을 하고 모여들었다. 〈아리랑〉〈고향〉〈미야기노 중학교 교가〉〈학생시대〉 등의 악보와 가사를 복사한 종이를 나눠줬다.

김포공항에는 예약해둔 버스가 기다리고 있었다. 차창에 비치는 서울거리는 활기와 에너지가 넘쳐 인상적이었다. 폭 넓은 도로를 꽉 채운 자동차 정체에 놀라 소리를 지른다.

점심을 먹은 후 서울 중심부에 있는 유서 깊은 유적을 둘러보았다. 낮에는 기온이 올라 땀이 나는 가을 날씨였다. 나무가 우거진 창덕궁을 걷을 때는 나무그늘에서 시원한 옥수수차를 단숨에 들이키며 쉬었다.

이튿날 아침 호텔 앞에 있는 시청사 광장에서 노래 연습을 했다.

"한국어에 집중하는 사이 멜로디를 놓친다"며 친구들은 반복해서 아리랑을 연습했다.

경복궁 견학 후 우리들은 이화여자대학으로 향했다. 캠퍼스를 산책한 후에 교내에서 합창하기로 계획을 세웠다.

전통이 있는 대학 건물로 유명한 담쟁이 넝쿨로 감싸진 교회로 이어지는 계단에서 일행은 노래 가사집을 펼쳤다.

"마치 야외 스테이지 같아"하며 옆에 선 친구가 속삭인다. 서툰 한국어로 아리랑을 부르자 지나가던 여학생이 갸우뚱하며 듣고 있다. 준비한 곡을 다 부르자 S군이 모두에게 소리지른다.

"최정자의 오빠는 우리들 4년 선배입니다. 고등학교 졸업 후 북한으로 갔습니다. 의사가 되었고 지금은 은퇴하였지만 건재합니다. 선배님에게 들리도록 큰소리로 교가를 부릅시다."

생각지도 못한 발언이었다. 친구의 예쁜 마음이 다가왔다.

싸리나무 가득한 미야기노에

떠오르는 아침 햇살을 받으며………

눈물이 노래 가사집 위로 뚝뚝 떨어졌다. 나는 쪽빛하늘을 바라보며 같은 하늘아래 이 서울 땅과 이어진 저 너머 북녘 땅에 올해 70세가 되는 오빠가 살고 있다.

(오라버니 그리운 교가가 지금 오빠 귓전에 들리나요.)

시내명소와 시장을 둘러보는 이틀 동안의 여행은 좀 빠듯했지만 별탈없이 순조롭게 끝나 무엇보다 안심했다.

여행의 마지막 식사는 명동 고깃집에서 파티를 열었다. "막걸리로 건배"하는 총무의 소리에 긴장된 마음이 풀리며 휴하고 한숨을 크게 쉬었다.

"뭐니 뭐니 해도 음식이 맛있어. 어제 저녁에 먹은 궁중요리는 각별 했어. 추천으로 먹은 전복죽과 삼겹살은 모두 잘 먹었는데. 체중이 걱정돼"

"인사동에서 재미있게 시연하며 사탕 만드는 젊은 오빠가 멋있어서 많이 사버렸어."

"BB크림 사오라고 딸이 부탁해서 어떤거냐고 점원에게 물어보니 정말 예

빠진다고 권해서 그럼 4B크림을 바르면 어떻게 되느냐고 물었어."

이런 이야기로 고깃집 방안은 터져 나온 폭소로 가득 찼다.

"가장 인상에 남는 것은 이화여자대학에서 합창한 거야. 오빠에게 들리도록 부른다고 생각하니 눈물로 목이 매여 목소리가 나오지 않았어."

"난 울었어"

"누구나 사람은 태어날 때 부모, 시대, 국가를 선택할 수 없어. 여러분과의 만남은 기적과 같아. 이 나이가 되어도 이어지는 변함없는 우정에 감사합니다."

"감사하무니다"고 인사하고 전원 박수갈채를 보낸다. 예정시간 보다 늦게 식당을 나왔다. 상기된 얼굴에 시원한 바람이 유쾌하다. 우리는 팔짱을 끼고 호텔까지 걸어왔다. 귀국한 다음날 일행으로부터 메일이 계속 왔다.

"즐겁고 감동적인 여행이었어. 살아있는 자의 행복을 실감 했어. 일본은 이웃 한국으로부터 많은 것을 전해 받아 궁리 끝에 독자적인 일본 문화로 만든 것을 느꼈어. 가장 가까운 나라이고 작은 나라끼리 서로 도와가면 좋겠어"

중학교를 마치고 반세기를 지나서 실현한 서울 수학여행. 여행을 마친 나의 마음은 한동안 고양되어 깊은 감회로 넘쳤다.

나는 일본에서 생명을 얻어 이 땅과 문화 속에서 자랐다. 숲의 도시 센다이에서 유년기를 거쳐 청춘을 보냈다. 물론 할아버지의 땅 한반도의 혈통을 이어받은 자부심과 그리움은 생을 마칠 때까지 사라지지 않을 것이다.

하지만 나는 결코 두 나라의 문화와 아이덴티티로 나눠져 있는 것은 아니다.

나는 중학교에서 함께 배운 동시대의 오랜 친구들과 같은 세월을 일본에서 지냈다. 이 인연은 세월을 거듭할수록 뜨겁고 다른 무엇과도 바꿀 수 없는 것이라는 걸 깨닫게 되었다.

언제부터라고도 할 것도 없이 이 나라에 남편과 자식들이 모두 뿌리를 내리고 살고 있다. 북한 땅에서 똑같이 오빠 가족들도 뿌리를 내리고 틀림없이 잘 살고 있을 것이다.

정치나 역사 차원이 아닌 오빠에게는 오빠의 삶을 통해 느끼는 이생의 사명이 있을 거야.

서울에서 돌아온 밤 나는 오빠 꿈을 꾸었다. 오빠에 대한 만감이 솟구쳐 올라 나는 꿈속에서 혹시라도 눈물을 흘렸는지 모른다.

불국사와 맺은 인연
- 남가南家3대의 궤적-

남홍자南弘子

내가 〈조선인〉을 처음 만난 것은 중학생 때 고향 마을 하천 부지 바닥 공사 일을 하러 온 몇 명의 남자들이다. 그들은 하천 둑에 집을 짓고 살았다. 통학로와 접하고 있어 하교 할 때 그 집 앞을 지난다. 일을 마친 남자들이 술을 마시면서 큰소리로 대화하는 소리가 들려온다. 마늘과 고추 가루를 섞어 독특한 냄새가 감돌아 숨을 틀어막고 그 집 앞을 빠른 걸음으로 지났다.

나의 고향은 아이치愛知현 산간부로 산으로 둘러싸인 조용한 시골로 할아버지대까지 6대째 진파치로甚八郎라는 이름을 세습하고 있었다.

마을 촌장으로 1889년(메이지22년) 시·정·촌제가 실시되었을 때 초대 촌장으로 지역발전을 위해 정성을 다했으며 넓은 논밭 그리고 산림을 경작하며 많은 소작인을 거느렸다고 한다. 그 당시 생가는 약천평의 대지에 안채를 둘러싸고 흰색 벽으로 만든 창고(서고, 곡물창고, 장류창고, 술창고)가 있었고 저택 내에는 마굿간도 있었다.

아버지는 메이지시대 도쿄의 명문 가이세開成중학교에 진학했다. 귀향 후에는 국민학교 교사를 하면서 가업을 지키며 일생을 지냈다. 나가노長野현의 의사집안에서 시집온 엄마와 아버지슬하에 2남6여를 두었는데 그 중에서 나는 막내로 태어났다. 전쟁이 끝나자마자 농지개혁이 실시되어 아버지의 습명을 계승하는 것도 소작인 제도도 끝나게 된다. 그 잔재로 수확기가 되면 근처의 농민들이 쌀과 농산물을 등에 지고 짐수레를 이끌고 연공을 납입하러 왔다. 대청마루에 앉아 큰 장부에 품목과 수량을 기재하고 있던 아버지의 모습을 지금도 선명하게 기억하고 있다.

남편 남석환(미츠오光雄)은 1933년생으로 대학시절 우연히 만나 어느새 둘은 의기투합하여 교제하게 되었다. 당연히 남편가족도 반대했지만 나의 가족(이미 부모님은 타계)은 맹목적으로 반대했다. 나는 집을 나왔고 남편이 그의 가족을 성의껏 설득해 결혼하게 되었다.

많은 재일한국인 1세와 마찬가지로 시아버지는 한국에서 돈벌이를 위해 왔고 시어머니와의 사이에 3남 3녀를 두었다. 이 지역에서 도자기 유리의 원료인 규사를 짐차로 운반해서 생계를 꾸려가고 있었다. 장남인 남편은 어릴적에는 골목대장이었으나 책을 좋아해 수업 후에 아버지가 하는 흙 운반을 도우면서도 활자를 놓지 않았다. 책 읽는 습관은 고교생이 되어도 계속되어 마을사람들로부터 세토瀬戸의 니노미야킨지로(二宮金次郎 기아와 빈곤이 만연했던 에도말기에 도덕과 경제를 융합한 새로운 사상을 통해 많은 대중을 구한 인물)라고 야유할 정도였다.

중학교를 졸업 할 때쯤 집인 형편이 어려우니 취업을 하라고 아버지가 권하자 어머니께서 "번 돈은 잃거나 써버리면 없어지지만 몸에 익힌 지식은 빼앗기지 않아"하며 아버지를 설득하여 지역 고등학교를 나와 나고야名古屋

대학까지 진학했다. 총명한 그녀는 항상 아이들을 넓게 이해했다.

　남편이 대학시절 학비를 벌기 위해 시작한 작은 학원이 입소문을 타고 평판을 얻어 드디어 동네 유지들의 협력을 얻어 학원건물을 세워 본격적으로 학원을 열게 되었다. 그는 졸업 후 대학원에 진학하고 싶었으나 장남으로 책임감을 느껴 부모형제의 기대대로 학원경영에 전념했다. 당시 세토에는 세토모노(도자기)가 유명해 〈가마굽기〉라는 도자기산업이 가장 활발한 시기였다. 마을을 흐르는 강은 오염되었고 세워진 굴뚝에서는 석탄 연료에서 나오는 매연연기로 하늘을 덮었다. 아이들의 공부는 학원이나 가정교사에게 맡기고 부모들은 하루 종일 일을 했다. 나고야의 유명사립 중고등학교가 전차 한번으로 다닐 수 있다는 지리적 조건도 합쳐져 진학학원도 번성했다. 남편의 면학에 대한 정열도 학부모들 사이에 평판을 얻어 학생 수도 늘어갔다. 처음 세운 건물로는 비좁아 철근원형의 2층 건물로 넓은 학원이 완성될 정도였다. 마을을 순회하는 마이크로버스도 몇 대나 갖춘 〈남학원〉은 이 지역에서 나날이 유명해졌다. 시동생 둘이 도쿄대학과 나고야대학에 진학하고 나서 우리 가족은 지역의 유명인사가 되었다. 그래도 시아버지는 교만하지 않고 자기 일에 충실했다.

　남편의 고향은 경상북도 청송군으로 경주나 대구에서도 근거리에 위치하고 있는 남씨 촌락이다. 얼마 전 NHK방송에서 여배우 남과보(南果步)의 루트를 찾는 프로그램이 방영되었는데 묘하게도 같은 〈영양 남씨〉로 고향이 같았다.

　할아버지 남복주는 1919년 일어난 3·1항일 독립운동 때 그 지역에서 주요 활동가로 활약하다 잡혀 심한 고문을 받고 석방 후 그 상처가 악화되어 돌아가셨다. 돌아가신 후 국가로부터 훈장이 수여 되었다. 우리 집에는 부친 대신에 정장과 훈장을 가슴에 달고 자랑스럽게 여기는 할아버지 사진이 남아있다. 시아버지와 남편은 고향마을 할아버지의 위령비에 〈산남의사·남복주〉라고 세웠다. 완성한 서막식에는 근처 친척과 군수 초등학생도 참가하여 성대하게 치렀다.

남편은 역사 특히 불교에 흥미를 갖고 학원생을 데리고 교토京都 나라奈良의 신사 절을 찾아 다녔다. 그것만으로 부족한지 한국 불교유적이 있는 경주 남산을 탐방하는 여행을 시작하게 되었다. 경주 사람들과 교류가 깊어지고 지인들도 늘어났다. 문화인들의 동호회 〈신라문화 동인회〉〈한국문화 사학회〉에 가입하여 수많은 연구자를 비롯해 지역 민속학자인 윤경열선생 한국 불교미술학회 제1인자인 황수영 박사와 그의 제자 그리고 불국사와 인연을 맺어준 정영호 박사 등등 국내에서도 상당한 학자들이 모이는 모임이었다. 매월 정례회 때는 가끔 큰 규모의 강연회나 심포지움이 열려 남편은 시간 나는 대로 참석해 논문발표도 했다.

40년 전 한국에서는 학자가 해외로 답사를 나갈 때는 국외체류자로부터 초대장이 필요하던 시기였다. 남편은 그 분들에게 몇 번이나 초청장을 보내 일본국내는 물론이고 세계 여러 나라의 불교유적을 함께 둘러보는 여행을 시작했다. 유명한 많은 연구사가 일본을 방문해 우리 집에 함께 머물기도 했다. 그때마다 숙박과 식사준비에 여념이 없었다. 일본 방문에 맞춰 선생님을 이 지역 한일친선협회 강연회 강사로 모시는 게 정례화되었다. 정교수와 남편은 그 후 수십 회에 걸쳐 중국을 비롯해 인도 파키스탄 이집트 터키 네팔 몽골 그 외 세계각지 불교유적조사 여행을 계속 다녔다. 또한 유출된 문화재를 보기 위해 미국 영국 유럽 등의 미술관 박물관도 걸어 다녔다. 지금은 내란이나 전쟁으로 잃어버린 귀중한 사진 등도 수없이 남겼다. 영어를 독학으로 마스터한 남편은 여행에 불편함이 없을 정도였다.

정교수는 명석한 기억력 통찰력의 소지자로 일본어도 능숙한 분으로 가는 곳 마다 유적을 앞에 두고 논의 하고, 사진 슬라이드 촬영을 하였고, 남편은 미술관이나 박물관에서 불교미술품(불상 동경 토용 구슬 등등)과 서적을 사 모았다.

집과 서고에는 백과사전과 전문책자가 늘어나 1만 권을 가볍게 넘겼다. 어디까지나 자신의 연구를 위해 수집한 것으로 그 증거로 서책을 펼치면 여기저기서 책갈피가 나오고 빨간 밑줄이 그어져 있다.

일상을 활자와 지낸 남편은 자는 것도 억울해 하며 화장실에도 물론이고 식사 할 때도 입욕해서도 가끔 교제 삶아 가는 골프장에서도 책을 놓지 않고 끼고 살았다. 반세기 동안 역사와 전통을 만들어온 학원을 아들에게 물려주고 안도했는지 2007년 남편이 숙박중인 경주호텔에서 뇌경색으로 쓰러지고 말았다.

대구대학병원에서 일본으로 반송하여 치료를 해서인지 다행히 손발의 마비가 남았다. 시력 기력 등 모든 몸 기관마다 큰 충격을 받아 활자를 즐기는 것은 물론이고 서고에 발을 내딛는 것도 못하게 되었다. 마을 사람들을 모아서 하던 역사연구회 (고사기 일본서기)영어회화 한국어 중국어 등의 공부모임도 계속 할 수 없었다. 수많은 수집품 서적 등 어떻게 정리해야 할까? 고민하게 되었다. 골동품 점에 상담을 할까? 그렇게 되면 그가 정성 들여 모은 것이 흩어지고 만다. 아이들은 아버지의 뒤를 이을 생각도 없고 흥미도 없다.

이런 저런 고민을 하고 있던 어느 날 정교수가 일본에 와서 불국사에 박물관(성보박물관)을 지을 계획이 구체화되어 정교수가 조성위원장(건설위원장)으로 임명되어 박물관에 전시할 전시품을 모으는데 고생하고 있으니 협력해 주기 바란다고 타진해 왔다.

앞서 말한 대로 수집품의 모든 가치는 정교수가 잘 파악하고 있다. 현재 남편의 상황으로는 가치판단이 어렵다. 취미나 도락으로 취급해 버리면 그것으로 끝나지만 남편이 집요하리 만큼 신중하게 모은 것이라 이렇게 정리가 된다면 나는 하늘을 나를 것 같았다.

우리 부부에게는 1남 5여 모두 6명의 아이가 있다. 결혼한 딸 넷은 한국 혈통을 잇고 있다. 2011년 설날에 모인 자식들에게 기증 이야기를 했다. 아버지가 모은 것 중에 아무리 고가의 전시품이라도 아버지 뜻대로 하는 게 좋다고 의견일치를 보여줘 나는 가슴을 쓸어 내렸다. 같은 해 1월 하순 정교수가 수집품을 정리하기 위해 학예사 2명을 동반해 일본에 왔다. 정교수와 그들은 한국유적발굴에 관한 이 방면의 스페셜리스트였다. 각각의 물품의 크기를 측정하고 여러 각도에서 사진을 찍고 손에 넣은 장소, 시대, 가치를 정리해 분류하고 기재해 장부를 작성해 갔다. 고대의 불상, 유리, 기와, 항아리, 벽화조각 그 외 숫자가 약 200여 점으로 3일 내내 계속된 작업과 포장을 끝내고 미술품 우송전문차에 싣고 떠났다. 같은 해 3월 불국사주지 이성타대사, 김종상 석굴암 주지겸 박물관장, 정교수등 8명이 일본에 와서 민단 세토 지부 강당에서 부영사 참석 하에 증정식이 열렸다.

2012년 6월에 불국사의 초대를 받아 절을 방문했다. 남편은 병을 앓은 후 첫 방문이다. 주지스님과 정교수가 직접 김해공항까지 전용버스로 마중을 나오셨다. 아름다운 보문호수가 내려다보이는 호텔이 예약되어 있었다. 안내 받은 성보박물관의 건축현장 건물은 이미 완성되어 있었고 주변 정비공사가 계속되고 있었다. 한쪽에 부속된 도서실 자료관도 건설예정으로 개관은 조금 더 있어야 한다는 설명을 들었다. 절 내 서원에서 밥을 먹고 내부 견학을 한 후 석굴암 유리벽 안까지 안내를 받아 부처님께 예배를 드릴 수 있는 극진한 대접을 받았다. 그리고 근교의 유적을 돌아보았다. 수 없이 다녔을 이 땅에 이번에는 방대한 전문서 기증을 의뢰하자 흔쾌히 승낙을 받았다.

2013년 3월 정교수가 이번에는 다시 서적 정리를 위해 학예사 2명과 함께 일본을 방문했다. 지난번과 같은 작업이 시작되어 사진 슬라이드 등 정리해서 포장하는데 이 작업도 3일이 걸렸다. 서적 1만 2천 여권, 사진 슬라이드 12만 점, 대형 박스 수만 합계 50개에 달했다.

엎드려 상자를 채워가는 작업은 젊은 학예사에게도 상당한 중노동으로 보였다. 정교수일행이 귀국하고 나는 이것들을 보내고 안도했지만 역시 예의를 소중히 여기는 나라인 만큼 또 불국사로부터 증정식에 참가하기 위해 방일한다는 소식이 왔다. 증정식은 3월 26일 민단 세토지부에서 했다. 이번에는 불국사 관계자 도의회의원 텔레비전 취재반 등 총 14명의 방문이 이루어졌다. 이렇게 큰 이벤트가 되자 사이타마 오사카에 살고 있는 시누 부부도 올라왔으며 이참에 일행에게 대접을 하고자 딸들의 협조를 얻어 26일 점심을 집에서 훌륭히 만들어냈다.

남편과의 만남으로 그 관계 속에서 나는 여러 가지 일을 경험 했다. 당혹감도 있었지만 무엇보다도 일반적이지는 않은 한국과 일본의 두 나라의 문화 풍습을 익혀 살아왔으며 남편 가족 또한 모두 훌륭한 인간성을 겸비한 사람들이었기에 어려움을 극복할 수 있었다. 1966년 59세로 일찍 세상을 떠난 시어머니 박봉기는 양반 가문의 딸이었다. 1988년 81세로 떠나가신 시아버지 남재식은 민족의 긍지를 가슴에 되새기고 항상 엄격하고 겸허하여 교만 하지 않는 일생을 보냈다. 함께 생활하며 많은 것을 배웠고 시누이들과도 나의 형제자매 이상으로 친숙해 졌다. 친정집과의 불화도 세월의 흐름과 함께 풀렸다. 건강만큼은 자신감 갖고 살아온 나이지만 과거보다는 미래가 짧은 것은 확실하다. 여러 가지 기로에 섰을 때 선택한 길이 잘못 선택한 것이 아니었다고 생각한다. 선택보다는 뭔가에 인도되어 여기까지 온 것 같기도 하다. 6명의 아이들도 모두 부모에게 공손하고 남편은 요즘처럼 생활하기에 좋은 시기도 없다며 귀화를 권유 받기도 한다.

그는 조국이 일본보다 뒤쳐졌다고 보고 일본사람에게 지지 않으려고 노력한다. 한국이 일본보다 수준이 높아 평균이상으로 평가 받는 때가 오기를 마음속으로 간절히 바라니 언제나 아무렇지 않은 듯해도 신경 쓰고 있다.

요즘은 한류 붐이 한창 이지만 아이들 뒤에서 하프인 것을 쑥덕거리던 시절이 오래 동안 있었다. 엄마는 몰라 하며 눈물을 닦았던 적도 있다. 아이들이 아무 탈 없이 잘 견뎌주어 지금이 있는 것은 아버지의 올곧은 삶의 뒷모습을 통해 제대로 배웠기 때문이라고 생각한다. 그런 자식들을 나 또한 자랑스럽게 생각한다. 나는 건강을 위해 시작한 댄스를 오랫동안 지역 공민관에서 자원봉사자로 지도하고 있다. 이렇게 즐거운 댄스를 장애자에게도 알려 주고 싶어 〈휠체어 댄스〉를 시작한지 10여년이 된다. 장애를 가진 사람들과 관계를 맺고 나서 더욱 이세상의 많은 〈차별〉을 알 수 있었다. 차별로 언쟁이 일어난다. 그것을 없애는 것은 어렵지만 인류의 영원한 테마이다.

남편인생의 집대성이 이와 같은 형태로 결실을 맺게 되고 그와 관련해서 관여할 수 있어 더 이상 기쁠 수가 없다. 항상 만남을 소중히 해왔다. 이제부터 인생의 최종장도 그런 나날을 보내고 싶다.

*불국사·성보박물관은 2016년 6월 9일(음력 5월 1일)개조기념의 개최 물과 함께 개관함.

■ 후기

「봉선화」 27호 〈휴간인사〉에서 조영순 편집장이 앤솔러지 출판을 약속한 지 2년 만에 드디어 『봉선화, 재일한국인 여성들의 기억』을 출판하게 되었습니다.

동인지 「봉선화」 창간은 1991년 봄이었습니다. 창간당시의 각오가 주마등처럼 떠오릅니다. 문자를 모르는 1세 어머니의 한 많은 인생, 그 인생을 등 뒤에서 보고 자란 딸들의 글이 지면을 장식하고 독자로부터 뜨거운 응원에 힘입어 여기까지 왔습니다. 지금도 당시의 감동이 되살아납니다.

약 4반세기에 걸쳐 다시 출판된 앤솔러지의 목차를 바라보니 시대의 소용돌이 속에 여성들이 걸어 온 길을 되돌아보고 기록해 온 세월의 무게를 실감합니다. 그리고 그동안 여성들이 쏟아낸 한풀이가 역사의 무게에 버금갈 정도로 헤아릴 수 없이 소중하다는 것을 가르쳐주었습니다. 창간호에서 27호까지 발간한 약 600여 편 중에서 엄선하여 40편을 골라 담았습니다. 이 세상을 떠난 동인이나 연락이 닿지 않는 회원은 제외하고 선발하였습니다. 그 방대한 페이지 중에서 창간호에서 20호까지는 오문자가 21호에서 27호까지는 조영순이 담당해 최종의 목차를 장식했습니다. 어느 작품도 여성들의 뜨거운 마음이 전해져와 주옥의 문집이라 했습니다. 그리고 열심히 재일한국인 여성으로 삶을 살아온 그녀들의 확실한 증거이자 시대의 증언을 기록한 재일한국인 여성사라고 자부할 수 있습니다. 일본친구들의 글은 이웃

나라의 따뜻한 눈길과 이해 그리고 높은 식견을 느끼는 바입니다.

「봉선화」가 글과 마음의 교차점이었듯이 재일한국인 여성의 이해를 높이는 한 권이 되기기를 바랍니다. 이 책 번역 출판에 있어 적절한 조언과 따뜻한 격려를 보내주신 일제강제동원&평화연구회 회원님과 출판사 사장님께 깊은 감사의 인사 올립니다.

마지막으로 「봉선화」 16호에 게재한 조영순의 편집후기로 인사를 마무리하고자 합니다.

"쓴다는 것은 시간의 흐름과 경치의 변화 속에 잠깐 멈춰 서서 발밑을 돌아 볼 그때 비로소 태어나는 말을 선택하여 실로 엮고 짜서 한 필의 베가 만들어 집니다. 쓰는 사람과 읽는 사람이 「봉선화」 비단을 짜 우린 자신을 장식하게 되어 감개무량합니다."

감사드립니다.

오문자 吳文子

■ 언론 보도 기사

『통일일보』 1991년 2월 22일 (토)

동포여성들이 〈지금〉을 기록해서 남기는 작업은 문화를 지키고 키우는 실천적 행동이라 하겠다. 몇 십 년이고 계속 이어가다 보면 그것은 틀림없이 재일동포의 생활사로 남을 것이라고 확신한다. "역사가의 역사"가 아닌 "생활자 레벨의 구체적인 역사"의 소리가 들린다. 불과 몇 십 년 전만 뒤돌아 봐도 생활자의 시점에서 쓴 것은 전무하다고 해도 과언이 아니다.

거듭 새롭게 간행되는 것을 보면 주로 동포들의 "사회 환경"이 대부분이다. 체험을 바탕으로 한 생생한 작품은 침묵하며 덮어둔 채 어디에서도 찾아 볼 수가 없다. 『봉선화』 발행은 보통여자들이 창간했지만, 재일한국인 여성에게 있어 〈보통〉이란 무엇일까를 생각해 보면 글자를 알고 문장을 쓴다는 것, 그것만으로도 보통이라 할 수 없을지도 모른다. 적어도 여자들의 시점에서 침묵을 깨고 표현하고자 하는 의지와 결단이 창간호에서 여실히 보여주고 있다.

『도쿄신문』 조간 2016년 5월 15일(일)

「손수 만든 문집」

『봉선화, 재일한국인 여성들의 기억』이 얼마 전에 출판 되었다. 재일한국인 여성들이 모여 자기들의 생활사를 묶어 손수 만든 문집으로 1991년에 창간해 2013년에 휴간했다. 이 책은 그 게재 작품 중에서 엄선한 앤솔러지다. 프로작가나 학자의 문장이 아닌 지금까지 목소리를 낼 장소가 없었던 보통의 재일여성 40여 명의 경험담을 문장에 담았다.

연령대는 20대에서 60대이고 재일 2세와 3세의 목소리가 많다. 우리가 〈재일〉이라는 한마디 단어로 쉽게 말하지만, 거기에는 생각과 체험이 너무나 스펙트럼하다. 한반도의 문화로 일본을 살아온 1세 부모와 친척들의 불행하고 처참한 인생을 회상하는 여성, 일본인과 결혼해 피의 차별을 받으면서 '하프'가 아닌 '1+1은 더블'이라고 운동하는 여성, 한국유학이나 해외부임으로 재일을 대상화하는 여성, BC급 전범의 시아버지를 둔 여성, 히로시마 원폭을 체험한 여성, 일본에 동화하며 희망을 걸어보는 여성도 있다. 불식할 수 없는 〈한(恨)〉을 포함해 전후70년의 시간을 깁고 있다. 어느 문장 할 것 없이 숨결이 들려온다. 일본사람이나 젊은 재일한국인 4세가 읽고는 무엇을 생각할까? 봉선화의 꽃말은 '나를 건드리지 마' 시들어도 되살아나는 만만지 않은 꽃이다.